Das große Buch der Augenblicksdummheiten:

Kurz vor dem Start bat uns der Pilot um einen Moment Geduld. Man müsse noch die Landung eines Urlaubsfliegers abwarten. Just in diesem Augenblick ließ sich eine Ente auf der benachbarten Landebahn nieder. Und mir schoss der Gedanke durch den Kopf: «Ach, die war in Urlaub?»

Neulich im Garten: «Jetzt schnell noch fertig gießen, bevor der Regen kommt.»

Ich habe meine PIN eingegeben. In der Mikrowelle. Die Lasagne ist verbrannt.

Malte Welding ist Drehbuchautor. Seine Essays und Kolumnen erscheinen u. a. in der Berliner Zeitung, FAZ und taz. Er lebt mit Frau und Kind in Berlin.

Malte Welding

Sekundenschaf

**Dumm für einen
Augenblick**

Rowohlt Taschenbuch Verlag

Originalausgabe
Veröffentlicht im Rowohlt Taschenbuch Verlag,
Reinbek bei Hamburg, Juli 2015
Copyright © 2015 by Rowohlt Verlag GmbH,
Reinbek bei Hamburg
Umschlaggestaltung ZERO Werbeagentur, München
Umschlagabbildung Andrew Bret Wallis/Getty Images
Satz aus der Janson Text bei hanseatenSatz-bremen, Bremen
Druck und Bindung CPI books GmbH, Leck, Germany
ISBN 978 3 499 63069 9

Für Lotta und Paul

«Ich habe erwachsene US-Bürger aus dem gehobenen Mittelstand gehört, erfolgreiche Geschäftsleute, die am Info-Counter wissen wollten, ob man beim Schnorcheln nass wird, ob Skeetschießen im Freien stattfindet, ob die Crew ebenfalls an Bord schläft oder um welche Uhrzeit das Midnight-Buffet eröffnet wird.»
David Foster Wallace, Schrecklich amüsant – aber in Zukunft ohne mich

INHALT

Vorwort

Während der WM 1986 in Mexiko war meine große Schwester in den USA. Ich hatte damals eine Eingebung und sagte beim Abschied zu ihr: «Du kannst mir ja die Ergebnisse dann schon immer durchgeben, bevor wir die Spiele live sehen.» Sie schaute mich verständnislos an. Ich ergänzte also begeistert: «Na, wegen der Zeitverschiebung!»

Das war meine erste bewusste Begegnung mit dem Sekundenschaf. Es handelte sich hier nicht um einen Fall von mangelnder Bildung, im Grunde wusste ich, was eine Zeitverschiebung mit sich bringt und was nicht, mein Gehirn hatte mich bloß auflaufen lassen, war in Bummelstreik getreten, ohne vorher Bescheid zu sagen.

Mein zweites bewusstes Sekundenschaf hatte ich in den neunziger Jahren. Ich schaute einen Wettbewerb im Langstrecken-Apnoetauchen. Langstrecken-Apnoetauchen geht so: Der Taucher atmet vorher noch einmal tief ein und muss dann ganz ohne Hilfsmittel so viele Schwimmbeckenbahnen wie möglich unter Wasser schwimmen, ohne dass er noch einmal auftauchen dürfte. Ich rief laut aus: «Aber niemand kann doch wissen, ob die nicht heimlich atmen!»

Nun werde ich vermutlich zwischen diesen beiden Fällen von Augenblicksdummheit viele andere Sekundenschafe gehabt haben, aber das Sekundenschaf ist ein flüchtiges Geschöpf. Das Gehirn scheint sein Versagen verschleiern zu wollen, und wann immer ich Leute fragte, ob sie so etwas auch schon einmal erlebt hatten, bekam ich die Antwort: «Ja, mir ist so, aber ich erinnere mich nicht mehr.» Also habe ich irgendwann meine Suche professionalisiert.

Dabei war es notwendig und schließlich auch sehr nützlich, dem Phänomen einen Namen zu geben. Denn es ist kein Blackout, beim Blackout ist schließlich nichts, beim Sekundenschaf ist aber etwas, wenn auch das Falsche. Es ist kein Versehen, kein Vergessen, keine Fehlleistung, kein Unfall. Das Unbewusste spielt hier eine untergeordnete Rolle.

Sekundenschaf ist übrigens ein Wort ohne L. Genau wie Rotor, Horst oder Schreibmaschine. Schauen Sie genau hin: kein L dabei. Das Schaf auf dem Cover kann durchaus als Hinweis gedeutet werden.

Auch Monate, nachdem ich mit Hilfe von radioeins, einer Facebook-Seite und einer Homepage angefangen hatte, Treibjagd auf Sekundenschafe zu machen, kamen noch Nachrichten wie diese:

«Ich bin eines der ersten Mitglieder dieser Community und lese hier seit Monaten mit. Gerade sehe ich zum ersten Mal das Icon mit dem Schaf. Und ich denke mir so, hä? Was hat das Schaf mit Sekundenschlaf zu tun? Und überhaupt, was ist Sekundenschlaf für ein komischer Name für ein Buch über Augenblicksdummheiten …»

Es gab natürlich Proteste aus dem Umkreis des deutschen Schäferverbandes und auch von nicht organisierten Schaffreunden. Allerorten hieß es, es zeuge von grober Unsportlichkeit, den possierlichen Wollspender als Synonym für geistige Nichtschwimmer zu missbrauchen.

Als Entgegnung nur ein kurzer Hinweis auf den Forschungsstand. Das Schaf hat einen Enzephalisationsquotienten (EQ) von 0,8. Dieser Quotient gibt das Verhältnis der Gehirngröße zur Größe des restlichen Körpers wieder. Je niedriger der EQ, desto Mäh. Das Pferd, auch nicht berühmt für seine Erfolge in der Weltraumtechnik, hat einen Enzephalisationsquotienten von 0,9, die Katze einen von 1,1. Weswegen wir Katzen in unsere Wohnung lassen und Schafe auf die Weide schicken.

Und doch verwandeln wir uns manchmal kurze Zeit in ein Schaf, stürzen mit unserem EQ von 7,8 in bodenlose Tiefen. Was zum Glück sehr komisch ist.

Viel Vergnügen mit Sekundenschaf.

Ein Schaf ist ein Schaf ist ein Schaf

Ein Schulkamerad, in den ich heimlich total verliebt bin, und ich verabreden uns zum ersten Mal. Wir machen zusammen bei ihm Musik, es ist super, ich habe Hoffnung, dass da vielleicht was geht. Am frühen Abend bietet er mir an, mich mit seinem Auto nach Hause zu fahren. Ich bin total aufgeregt, sage: «Sehr gern, wir können ja noch einen Tee bei mir trinken.» Er stimmt zu. Ich wohne seit kurzem in meiner ersten WG, in einem sehr beliebten Stadtteil, und er kurvt ewig herum, bis er endlich eine winzige, eventuell zu kleine Parklücke findet. Er manövriert und rangiert und schafft es tatsächlich einzuparken. Als er endlich den Motor abschaltet, höre ich mich sagen: «Herrje, wie willst du denn da morgen früh wieder rauskommen?»

Wir wollen ein Kind bekommen. Meine Frau hat ihren Eisprung. Ich suche Extramusik aus, bin frisch geduscht, sogar das Bett habe ich neu bezogen, alles ist vorbereitet, da fällt mir ein: «Mist, ich habe die Kondome vergessen!»

«Ich bin Steinbock», sagt ein Bekannter. «Wie Jesus.» Ich frage erstaunt: «Woher willst du wissen, was Jesus für ein Sternzeichen war?»

Ich liege abends im Bett, bin zu faul, für die abendliche Badroutine noch mal aufzustehen, und rufe meinem Freund hinterher: «Kannst du mir noch ein Glas Wasser bringen? Und meine Zahnbürste mit einer Schüssel?» Mein Freund bringt mir alles zum Bett. «Und aufs Klo müsste ich auch noch.» Mein Freund schaut mich unschlüssig an.

Ich lese von einem Poeten, der auf dem Sterbebett irgendetwas Poetisches gesagt hat, und frage mich: «Warum kauft sich überhaupt jemand ein Sterbebett?»

Ich bin zu Hause. Unten klingelt jemand, ich gehe zur Haussprechanlage. Es ist ein Kumpel, wir reden kurz. Dann frage ich ihn, von wo er gerade anruft.

«Ich kann morgen nicht kommen, weil ich Fieber habe.»
«Dann komm doch heute.»

Bin kürzlich nach London geflogen und habe mich auf dem Hinflug gefreut, dass England eine Stunde hinter der deutschen Zeit zurück ist und man so am Anreisetag eine Stunde gewinnt. Für den Rückflug musste ich sehr früh aufstehen, tröstete mich aber mit dem Gedanken: «Egal, ich kann ja im Flugzeug eine Stunde länger schlafen.»

Meine Frau sitzt mit ein paar Freundinnen am Wohnzimmertisch. Als ich reinkomme und mich ins Fitnessstudio verabschieden möchte, sagt meine Frau: «Du gehst doch eh nur in die Sauna.» Auf meine Entgegnung, dass heute Damensauna ist und ich trainieren muss, sagt eine der Freundinnen: «Dann zieh dir doch eine Perücke auf.»

Der schlaksige, attraktive junge Mann hatte ein ausgeprägtes, hübsches Bäuchlein, und ich so: «Ooooh, der ist ja schwanger!»

Ich lese, dass Männer, die Ebola überlebt haben, danach mindestens drei Monate lang Kondome tragen müssen, und frage mich, ob das beim Pinkeln nicht sehr umständlich ist.

Saß kürzlich in einem Vortrag über Tequila, bei dem gesagt wurde, dass Agaven sieben bis zehn Jahre zum Reifen bräuchten. Ich meldete mich und fragte: «Was machen die Bauern denn in der Zeit!?»

Ich habe vollkommen unbedarft die Gardine beiseitegezogen und war wie vom Donner gerührt, bevor ich loslief, um zu schauen, ob vor all meinen anderen Fenstern auch Schnee liegt.

Meine Oma hat sich von einer Nachbarin ein Pfund Kaffee geborgt. Sie trifft die Nachbarin wenig später im Supermarkt, bedankt sich noch mal und legt ihr ein Pfund Kaffee in den Einkaufswagen.

Ich stehe im Supermarkt an der süßwarenfreien Kasse. Eine Frau legt Rosinenschnecken und Gummibärchen auf das Band, sieht das Hinweisschild und sagt zu ihrem Mann: «Mist, und ich habe NUR Süßigkeiten, jetzt müssen wir uns wieder neu anstellen.»

Stand vor einem Plakat, auf dem für Germany's Next Topmodel geworben wurde, und überlegte, ob «Celebrate!» der richtig gebildete Imperativ Plural von «celebrare» ist.

Eine Freundin lässt sich in einer Parfümerie verschiedene Düfte vorführen und sagt dann zur Verkäuferin: «Ich nehme das ‹Demonstration›!» (englisch ausgesprochen)

Ich arbeite neben dem Studium für ein Umweltprojekt, bei dem ich Fische rette. Als nach einer Auszählung nur ein einziger Fisch auszusetzen ist, denke ich, dafür laufe ich jetzt nicht mit dem Eimer den langen Weg außenrum zum Wasser. Trage den Fisch also einfach in der Hand und nehme die Abkürzung. Dabei muss ich allerdings ein Geländer überwinden. Erwische mich in allerletzter Sekunde dabei, wie ich mir den lebendigen Fisch zwischen die Zähne klemmen will, um die Hände zum Klettern frei zu haben.

Ich lebe noch bei meinen Eltern. Gestern habe ich vergessen, den Müll rauszubringen, und dachte: «Ich muss ausziehen, damit ich so einen Scheiß nicht mehr machen muss.»

Auf einer Party stellte sich mir ein Entwicklungsingenieur vor. Er erklärte mir, dass er für die Entwicklung neuer Produkte zuständig sei, und ich sagte: «Also sind Sie Erfinder! Aber wo schon so viel erfunden wurde – bleibt da überhaupt noch etwas übrig?»

Neulich im Garten: «Jetzt schnell noch fertig gießen, bevor der Regen kommt.»

Ich bin gestern mit Kontaktlinsen eingeschlafen. Als ich heute Morgen erwachte, dachte ich: «Ich kann wieder sehen!»

Heute Nacht las ich einen Artikel im Politikteil der Zeitung. In einem Zitat von Obama entdeckte ich einen Rechtschreibfehler. Ich fand das dann aber voll okay, denn Deutsch ist schließlich nicht seine Muttersprache.

Nun, ich mag R.E.M. nicht besonders gerne. Unlängst hatte ich irgendwo gelesen, dass die Band sich aufgelöst hat. Da mir das egal war, habe ich es sofort wieder vergessen. Bis gestern ein R.E.M.-Song im Radio lief und ich dachte: «Verflucht! Ich dachte, die gibt's nicht mehr. Was soll der Scheiß?»

Ich lese irgendwo den Satz «Die Azteken nutzten das Rad nicht» und denke: «Wie irre stur man sein muss, so etwas Praktisches zu ignorieren?»

Ich schwimme im Meer, es fängt an zu regnen, und ich denke: «Scheiße, schnell raus, bevor ich nass werde!»

Lese flüchtig eine Überschrift «75 Jahre Hitler – Ich habe den Krieg verhindern wollen» und denke: «Na, da hat Hitler ja wirklich alles für getan.» Ah, okay: 75 Jahre Hitler-Attentat. Der Attentäter wird zitiert.

Einige Freunde und ich reden über Filmmusik und kommen auf den Film «Diva» zu sprechen. A. sagt: «Da geht es doch um diese farbige Sängerin, oder?» Ich: «Aber ist der nicht eh in Schwarzweiß gedreht?»

In England dürfen keine Pornos mehr gedreht werden, in denen bestimmte sexuelle Handlungen zu sehen sind. Eine davon ist «Caning». Da ich nicht wusste, was das ist, habe ich es gegoogelt, allerdings habe ich «Canning» eingegeben. Und habe mich sehr gewundert, dass sie jetzt nicht mehr Einwecken dürfen in englischen Pornos.

Ich lese in den Nachrichten die Überschrift «IS: Allianz erwartet langen Kampf» und denke: «So was kann man versichern?»

Auf meinem Arbeitsweg komme ich an einem neu errichteten Gebäude vorbei. Alles ist sehr modern gehalten, viel Glas und Metall, von der Beschriftung der Wohngenossenschaft an der Außenfassade bis hin zur Gestaltung der Hausnummer. Ebendiese Hausnummer lautet «12 C», und beim Vorbeigehen dachte ich gestern: «Hm, eigentlich kommt es mir kälter vor, aber wenn's da steht.»

Habe gerade den Begriff «Mariä Heimsuchung» gelesen und gedacht: «Wie macht man denn das a mit den Punkten drauf auf der Tastatur?»

Der Patient braucht eine Überweisung. Ich sehe die Diagnose «Nabelbruch» und frage ihn: «Welche Seite?»

Habe mich gerade gefragt, ob dicke Menschen weniger CO_2 verbrauchen, weil sie ja besser isoliert sind als dünne.

Dachte eben für einen Moment: «Ein Mönch hat ja keine Mutter, wegen Zölibat und so!»

Ich lese einen Text über Cleopatra, erfahre dort, dass sie nach zwei Ehen und einer Liaison mit Cäsar in ihrer vierten Langzeitbeziehung Zwillinge hatte und denke: «Klar, Kinderwunschbehandlung.»

Wir gingen zur Beerdigung unseres Freundes Wilhelm. Als wir dort eintrafen, beobachteten wir etliche Leute, die bereits vor der Kapelle warteten. Ein älterer Mann sah unserem alten Freund ziemlich ähnlich. «Schau mal», sagte ich, «Wilhelm ist auch schon da!»

Kurz vor dem Zubettgehen. Mein Freund ist bereits im Badezimmer und reinigt die Zähne mit Zahnseide. Ich ärgere mich: «Mist, jetzt muss ich warten, bis er fertig ist, um sie auch zu benutzen.»

«Wo heute schon mal Feiertag ist und keiner arbeiten muss», dachte ich mir, «könnte man ja ruhig mal einen verkaufsoffenen Tag veranstalten.»

Staatstheater Wiesbaden, kurz vor der Ouvertüre der «Hochzeit des Figaro». Im Orchestergraben reden zwei Musiker heftig gestikulierend miteinander, und ich denke: «Ach guck, da spielen auch Gehörlose mit.»

Bei meiner Schwiegermutter ist in der vergangenen Woche eine Gürtelrose diagnostiziert worden, und ich habe mich gefragt, ob Gürtelrose wohl eine Erbkrankheit ist und ich die dann auch bekomme.

«Hast du die Balkontür richtig zugemacht?» – «Ja, wieso?» – «Damit keiner reinkommt.»

Ich lese auf einer amerikanischen Nachrichtenseite, dass ein Ebolapatient 103 Grad Fieber hatte, bin aber clever genug, mir zu denken, dass das ein Druckfehler sein muss, weil er ja sonst gekocht hätte.

Ich habe mich gerade kurz gefragt, ob es ein Wort wie «Fremdscham» auch für Situationen gibt, in denen man das Leid anderer mitfühlt.

Ich war auf einem Termin, ca. 20 km von zu Hause entfernt, und habe beim Herumkramen in meiner Jackentasche versehentlich den Knopf auf der Fernbedienung vom Garagenöffner gedrückt. Da habe ich gedacht: «Na toll, jetzt muss ich den ganzen Weg wieder zurückfahren, um zu gucken, ob die Garage aufgegangen ist.» – «Und? Bist du zurückgefahren?» – «Nein. Aber ich habe versucht, das Tor durch Drücken wieder zu schließen.»

Bin in Amsterdam. Ich lese im Fenster der organischen Salatbar SLA direkt unter dem Logo den Slogan «Eat. Shit. Leave.» und denke, dass das vermutlich die puristischste und vielleicht ehrlichste Formel ist, auf die je ein Restaurantbesitzer sein … Ah. «Eat. Share. Live.» steht da.

In der Buchhandlung: Kunde kommt rein und fragt: «Haben Sie ein Fremdwörterbuch?» Ich: «In welcher Sprache denn?»

Ich sitze während meiner Ausbildung aushilfsweise in der Telefonzentrale eines Unternehmens. Ein Anrufer bittet mich, mit Herrn Wess verbunden zu werden. Herr Wess ist aber nicht erreichbar. Nach mehreren gescheiterten Versuchen wiederholt der Anrufer ungeduldig: «Wilhelm/Emil/Siegfried/WESS!» Daraufhin antworte ich: «Wie der Herr mit Vornamen heißt, weiß ich leider nicht.»

Irgendwann Anfang der 90er. Wir schauen ins Kinoprogramm, mein Kumpel fragt: «Hast du Rocky Vau gesehen?» Derselbe (!) Kumpel fragte mich anderthalb Jahrzehnte später: «Hast du Fünf wie Vendetta gesehen?»

Meine Kollegin fragt am Telefon einen Mieter: «Von wo tropft es denn? Von oben?»

Ich lese die Biographie von David Foster Wallace, der sich 2008 das Leben genommen hat. Als ich das Buch zur Seite lege, schaue ich, ob er nicht einen Twitter-Account hat, dem ich folgen könnte.

Speeddating, die junge Frau gegenüber macht sehr intensiv Yoda, sagt sie, und ich denke: «Wie cool, Schwertkampf, Philosophie, komisch Sprechen – ach so: Yoga.»

Ich hatte eine kleine Rolle in einem Theaterstück, und wir Schauspieler trafen uns zum ersten Mal. Wir machten also Smalltalk, aßen Schnittchen, und ich fragte den einzigen schwarzen Schauspieler, wen er denn spiele. Er sagte «Na, was denkst du denn?» – «Keine Ahnung.» – «Den Schwarzen.» Das Stück war übrigens Othello.

Auf Facebook sehe ich, dass eine alte Bekannte geheiratet hat. Wir sind zusammen zur Grundschule gegangen, wir haben immer gemeinsam Geburtstag gefeiert, weil sie am selben Tag geboren wurde wie ich, also am 14.2.1974. Ich grübele, wie alt sie wohl ist.

Stand morgens vor dem Marathonlauf in Berlin an der abgesperrten Strecke am Innsbrucker Platz. Beim Anblick der ganzen Polizeiautos habe ich mich gefragt, warum die da rumstehen, fährt doch grade eh kein Auto hier lang.

«Warst du schon mal in Sneak Preview? Ich muss da unbedingt mal rein, der läuft immer wieder. Dann ist er sicher super.»

Ich hatte eine Zeitlang immer wieder leichten Schwindel und habe deshalb beim HNO-Arzt einen Schwindeltest machen müssen. Dazu werden die Gehörgänge mit lauwarmem Wasser durchgespült und dadurch ein Schwindelgefühl ausgelöst. Als ich meiner Chefin davon erzählt habe, meinte sie: «Ach, und das Wasser läuft dann zum einen Ohr rein und zum anderen wieder raus?»

Beim Silbenrätsel stehen nur noch zwei zur Auswahl. Dann muss das Wildpferd wohl BRAZE heißen.

In unserem Haus wurde der Flur gestrichen. Ich spreche den Maler an, ob er nicht auch unsere Tür mitstreichen könne. Antwort vom Maler:
«Wenn, dann nur schwarz ...»

Meine Antwort: «Sie können die Tür doch nicht schwarz anmalen.»

Im Treppenhaus ist vor der Nachbarstür ein Paket abgestellt worden. Interessiert lese ich den Absender, lese den Namen meines Nachbarn und freue mich, dass er auch in derselben Straße wie ich wohnt.

Vor Jahren einmal war meine Mutter auf irgendeinem Amt, der Beamte blickte auf das Formblatt, auf das sie ihren Namen, also «Welding», geschrieben hatte, und fragte sehr erfreut: «Sind Sie mit Juliane Werding verwandt?»

Computer aus. Mantel an. Tasche um. Handschuhe aus der Tasche geholt. Draufgeschaut. Gedacht: «Verflixt, wo ist mein dritter Handschuh?» Noch mal nachgedacht. Handschuhe angezogen. Heimgegangen.

Mir kam der Gedanke, wie ich wohl mit geschlossenen Augen aussähe. Also stellte ich mich vor den Spiegel und schloss die Augen.

Ich arbeite als Hebamme. Auf Station möchte ich die Frauen nicht überfallsmäßig überraschen und klopfe so grundsätzlich an jede Zimmertür, bevor ich sie öffne – natürlich auch beim Rausgehen.

Ich verlieh einem Kollegen ein Buch mit dem Titel «Tokio total. Mein Leben als Langnase». Eine paar Tage später meinte mein Kollege, das Buch sei ja ganz witzig, nur wisse er nicht, wieso der Untertitel «Mein Leben als Lasagne» heiße.

Es ist Samstag, ich laufe leicht müde mit meiner Freundin über den Flohmarkt. Ein Stand verkauft alte Radios, die allesamt sehr schick aussehen. Aus einem tönt der Wetterbericht. Als ich so vorbeilaufe, denke ich mir: «Krass, haben die noch alte Wetterberichte aus der Zeit aufgehoben?»

Ich sitze in der S-Bahn, die mir irgendwie enger vorkommt als sonst, jedenfalls weiß ich nicht, wohin mit meinen Beinen. Als ich im nächsten Bahnhof aus dem Fenster schaue, steht dort «Kurzzug». «Ach so. Deshalb …», denke ich.

Mein WG-Mitbewohner kommt Samstagmorgen von einer Geschäftsreise zurück. Schlaftrunken höre ich ihm bei einem Kaffee in der Küche zu. Er erzählt begeistert von seinen Meetings und seinem Gespräch mit der rechten Hand vom Apple-Europa-Chef. Minutenlang schaue ich meine rechte Hand an und frage mich, wie man sich mit so einer unterhalten kann.

Ich sitze im Zug und wundere mich, dass an allen Bahnübergängen, an denen der Zug vorbeifährt, zufällig gerade die Bahnschranke unten ist.

Manchmal frage ich mich, wieso mir fremde Passanten in die Augen schauen, bis mir einfällt, dass ich ja auch gerade in ihre gucke.

Einige Amerikaner im Eingangsbereich unseres Mietshauses. Ich bekomme mit, dass sie in den 4. Stock wollen. Ich möchte sie darauf aufmerksam machen, dass es einen Aufzug gibt und sage daher: «There's an escalator.» Sie schauen mich verständnislos an, weshalb ich wiederhole, dieses Mal deutlich lauter: «THERE'S AN ESCALA-TOR!»

Lese «Palästinenserchef Abbas» als «Palästinenserchen Abbas» und denke: «Das ist ja schon irgendwie diskriminierend.»

Im Hotel konnte ich meine Socken nicht finden. Also habe ich an der Rezeption angerufen, um zu fragen, wo sie sind.

Neulich saß ich beim Gynäkologen im Wartezimmer. Als immer wieder neue Patienten durch die Tür traten, dachte ich plötzlich: «Krass, hier kommen permanent nur Frauen rein.»

Ich fahre im Park Rad. Ein Typ fällt mir auf, weil er so irre ungelenk liegt, als sei Liegen in der Sonne eine schwere Strafe. Nach einigen Minuten sehe ich genau den Typ wieder daliegen! «Verdammt», denke ich, «ich hatte einen Schlaganfall.» Dann merke ich, dass ich einfach im Kreis gefahren bin.

Im Winter hatte ich eine Wasserflasche im Kofferraum vergessen. Meine Schwester starrt auf die Flasche und fragt: «Wie hast du das ganze Eis durch das kleine Loch bekommen?» Meine Schwester ist 23.

Ich habe ein Plakat für den Film Super 8 gesehen und meinen Kumpel gefragt, warum ich von Super 1–7 noch nie etwas gehört habe.

«Kannst du mal checken, ob es gerade regnet?» – «Wo denn?» – «Ähm: auf dem Balkon.»

Lese in der U-Bahn eine Anzeige vom «Rogennotdienst». Wundere mich sehr über die Fischfreunde, bis ich das D sehe.

Ich habe soeben einen neuen Stempel ausprobiert. Aber die Schrift stand auf dem Kopf. Was macht man da? Ich habe das Blatt umgedreht und noch mal gestempelt. Komischerweise war die Schrift noch immer auf dem Kopf. Erst dann der hilfreiche Gedanke: Stempel drehen.

Ich hatte mir vor ein paar Jahren sehr gewünscht, dass meine damalige Freundin schwanger werden würde. Sie machte einen Test, und ich durfte als Erstes auf das Ergebnis schauen. Ich ging ins Bad, der Test war negativ. Ich überlegte, den zweiten Strich einfach mit einem Stift aufzumalen. Damit wir schwanger werden würden.

Ich besuchte eine Bekannte, deren Wohnung ich nicht kannte. Ich schaute in den Flur, der mir wahnsinnig lang vorkam. «Ist da ein Spiegel?», fragte ich. Weil, klar: Man sieht sich ja nicht in einem Spiegel.

Ich gehe auf dem Bürgersteig, will an einer Frau mit Kinderwagen vorbei und gucke, bevor ich überhole, in den Rückspiegel, erschrecke mich sogar kurz, weil ich meinen Rückspiegel nicht finden kann.

Ich hatte es eilig und sah auf der Straße jemanden, den ich kannte. Weil ich keine Zeit hatte, duckte ich mich weg – nur um im nächsten Moment zu merken, dass ich mich in einem Schaufenster gesehen hatte.

In meiner Küche ist eine dicke Fliege, sie fliegt immer wieder direkt auf mich zu, und ich denke: «Die ist bestimmt besonders mutig, weil sie in der Fliegenwelt so ein Schwarzenegger ist.»

Ich brauchte für ein Riesenomelett 18 Eier. Auf dem Markt sagte die Verkäuferin: «Tut mir leid, wir verkaufen die nur im Dutzend oder halben Dutzend.»

Ich fahre mit meiner Schwester zum McDrive, sie fährt. Als wir ankommen, empört sie sich, dass Blinde die Speisekarte ja gar nicht lesen können.

Mein bester Freund ist taub. Wir hingen im Sommer mit ein paar Leuten ab und spielten X-Box. Irgendwann zeigte er in Zeichensprache, dass der Ventilator ihm auf die Nerven geht. Und seine neue Freundin fragte: «Weil der so einen Lärm macht?»

Ich bin mit meinem besten Freund bei McDonald's, ein Bekannter von mir kommt dazu, wir quatschen kurz, er verabschiedet sich. Ich sage zu meinem besten Freund: «Der hat mal versucht, sich umzubringen. Ist von einem Hochhaus gesprungen.» – «Und – hat er überlebt?»

Sind die Plastiktüten eigentlich vegan?

Eine Kundin kauft bei uns eine Postkarte mit dem Text: «Vier von drei Deutschen können nicht rechnen» – die Kundin kichert, und ich denke: «was ist daran denn witzig?»

Meine Freundin hat mich in die Schaubühne eingeladen. «Wer spielt denn?», frage ich. «Nina Hoss.» – «Kann nicht sein», denke ich. «Die spielt doch gerade im Kino die Hauptrolle in ‹Phoenix›.»

Toiletten in Cafés oder Restaurants sind üblicherweise mit Türschildern versehen, die sie als für männliche oder weibliche Gäste bestimmt ausweisen. Dabei gibt es auch sehr extravagante Schildchen, bei denen man etwas genauer hinsehen und überlegen muss, welche Tür die richtige ist. Ich stand heute sicher fünf Sekunden vor einem simplen Messingschild. Es zeigte ein Kind, aber ich konnte einfach nicht erkennen, ob es ein Junge oder ein Mädchen war. Die Frisur gab mir keine klare Orientierung. Dann fiel mir auf, dass das Kind im hohen Bogen pinkelte. Im Stehen.

Ich stehe am Obststand und sinniere darüber, wie dick wohl die Zweige von Wassermelonenbäumen sein müssen.

Ein alter Freund erzählt mir, dass er unfruchtbar ist. Ich weiß nicht recht, was ich sagen soll, will aber unbedingt etwas entgegnen und frage: «Ist Unfruchtbarkeit eigentlich vererbbar?»

Ich wollte eine zufällig wiederentdeckte CD (Filmmusik) abspielen, aber die CD war kaputt. Ich suchte die Original-CD in der Stadtbibliothek, aber da war sie nicht mehr im Katalog. Ich ärgerte mich maßlos, dass die Bibliothek ständig CDs verkauft, so wie eben diese … bis mir einfiel, dass ICH die Original-CD vor ca. 1,5 Jahren dort weggekauft hatte.

Ich hatte einen Termin in einem Radiosender. Ein Moderator, den ich vom Hören kannte, ging an mir vorbei, und ich war erstaunt, wie groß er war. «Im Radio wirkt er viel kleiner», dachte ich.

Ich war auf der Toilette und betrachtete danach mein Werk. Ich dachte: «Die schwimmen richtig. Wahrscheinlich weil ich so viel Fisch gegessen habe.» Um ehrlich zu sein: Nicht etwa, weil Fisch irgendwie leicht ist und gut für die Verdauung. Sondern weil Fische im Wasser schwimmen.

Ich musste auf der Arbeit Pakete aus Brasilien sortieren. Aus irgendeinem Grund waren sie alle falsch herum beschriftet, und ich dachte: «Na ja, vielleicht ist das so, weil Südamerika auf der anderen Seite der Welt liegt.»

Ich lebe seit einigen Jahren in einer offenen Beziehung und habe eine kleine Tochter. Von der offenen Beziehung weiß (natürlich) nicht jeder. Bei einem Abendessen erzählte ich also einer recht neuen Bekannten davon, die mich mit großen Augen fragte: «Aber woher weißt du, ob das Kind von dir ist?» Vielleicht muss man dazu sagen: Ich bin die Mutter.

Ich habe einer Freundin die Nagelfeile aus meiner Handtasche gegeben und dabei gesagt: «Ich brauche den Platz für wichtigere Dinge!»

Ein Passant ähnelt frappierend einem meiner Studienfreunde, ist aber viel größer. Und ich denke: «Mensch, ist der gewachsen.»

Ich laufe die Straße entlang und sage mir: «Ich muss unbedingt aufhören, mit mir selbst zu sprechen. Die Leute gucken schon.» – Dem hab ich dann auch zugestimmt. Laut.

Ich komme in die Firmentoilette, dort hängt ein Zettel: «Wegen des Norovirenausbruchs bitte unbedingt die Brille mit dem hier stehenden Desinfektionsmittel reinigen!» Ich frage mich, wieso man mir jetzt vorschreibt, mit was ich meine Brille zu putzen habe und ob das nicht die Gläser angreift …

Bei uns in der WG-Küche liegt ein Stapel Notizzettel, auf den man bei Bedarf draufschreiben kann, was eingekauft werden muss. Ich mache mir ein Müsli, Rosinen werden knapp, ich will das aufschreiben, aber die Zettel sind alle. Leinsamen werden knapp, ich schaue mich um, um es aufzuschreiben. Ach ja, alle. Honig ist auch bald leer, Mist, keine Zettel da. Ich muss dringend aufschreiben, dass wir keine Notizzettel mehr haben.

Im Schwimmbad, Frau mit sagenhafter Badekappe: leuchtend lila, Blümchen, riesig, bemerkenswert. Nach dem Baden; im angeschlossenen Café sitzt eine Gruppe älterer Damen – ob sie dabei ist? Müsste ja ganz einfach zu erkennen sein, bei dem Kopfschmuck.

Nach ein paar bereits geleerten Gläsern Whisky-Cola und zu später Stunde äußerte ich im Freundeskreis folgenden Gedanken: «Eigentlich ist es doch unpraktisch, dass man aus einer Literflasche Cola nur drei unserer Gläser füllen kann. Die hätten lieber Whiskyflaschen nehmen sollen. Wie man sieht, sind die deutlich ergiebiger, denn die ist noch immer halb voll.»

Im Kino sehe ich einen Mann Mitte 30, der meinem jüngeren Bruder sehr ähnlich sieht. Ich, Anfang 20, denke: «Wenn mein Bruder erst mal 30 ist, ist der ja älter als ich.»

Meine Mitbewohnerin: «Morgen Abend bin ich nicht da. Bin bei den Zwillingen zum Geburtstag eingeladen.»
Ich: «Wer von den beiden hat denn Geburtstag?»

Meine blinde Mitbewohnerin sitzt abends in der dunklen Küche und isst. Ich komme rein und sage: «Warum sitzt du denn hier in der dunklen Küche? Mach dir doch Licht an.»

Ich habe vor, mit meiner blinden Mitbewohnerin den Weg zum Supermarkt abzugehen. Als ich nach Hause komme, ist es bereits dunkel, und ich denke: «Mist, jetzt können wir das erst morgen machen.»

Vor einigen Jahren las ich in der Zeitung die Anzeige «Gebe 4000 Biberschwänze ab». «Boah», dachte ich, «wer ist denn so brutal und schneidet denen die Schwänze ab?!»

Ich gehe nachts nach einer Kneipentour zu Fuß nach Hause. Unterwegs hält neben mir ein Polizeiwagen, und zwei Polizisten steigen aus. Mein erster Gedanke: «Mist, ich habe was getrunken.»

Ich habe mal einem Freund geraten, doch bei meinem Zwillingsbruder anzurufen, weil der Geburtstag habe. 10 Minuten später rief der Freund mich noch mal an, weil er es gemerkt hatte.

Schafe für eine vollkommene Welt

In jedem Menschen steckt ein Erfinder. Und wie oft stehen wir kurz davor, in die Geschichte einzugehen mit einer Idee, die alles verändert? Wie viele Menschen werden schon vor Darwin gedacht haben: «Dieser Affe mit seinem nachdenklichen Blick und seinem beweglichen Daumen, an irgendwen erinnert der mich»?
In jedem Menschen also steckt ein Erfinder. Und in jedem Erfinder steckt ein Schaf.

Ich sehe einen Greenpeace-Film über die Rodung des Regenwaldes. Hier wird Papier verschwendet, dort stirbt die Natur. Mir kommt der rettende Gedanke: Kann man nicht Bäume retten, indem man Papier einfach kopiert?

Meine Cousine führt mir ihren neuen Wasserhahn vor. Er spendet blaues Licht, wenn kaltes Wasser fließt, und rotes, wenn das Wasser warm ist. Ich stehe vor dem Wasserhahn, nicke zustimmend und sage dann bewundernd: «Super, das ist ja echt praktisch für Blinde.»

Kochen ist manchmal so kompliziert – man müsste so etwas wie Anleitungen fürs Kochen schreiben.

Ich besitze zum ersten Mal gute Ohrstöpsel. Für Außengeräusche sind sie nahezu undurchlässig, ich freue mich auf eine erholsame Nacht. Nur mein eigenes Schnarchen höre ich noch. Das stört. Man müsste jetzt auch noch Ohrstöpsel haben, die nach innen abdichten.

Wir sind auf der Autobahn und fahren konstant 120. Ich sehe ein Schild, auf dem steht, dass es noch 60 Kilometer bis zu unserem Ziel sind, und frage mich, warum die nicht draufschreiben, wie lang man noch braucht.

Morgenspaziergang mit dem Hund. Es ist noch dunkel. Eines der Häuser in der Nachbarschaft hat eine Sonnenuhr an die Fassade montiert. Das Licht der

Straßenlaterne wirft einen Schatten, der sie auf 3 Uhr stehen lässt. Ich denke: «Ach so, so funktioniert das nachts …»

In einer urigen Salzburger Kneipe: Eine ältere Dame zum Kellner: «Für mich bitte ein Wasser ohne Chlor.»

Habe eine iTunes-Karte im Wert von 25 Euro als Geschenk verpackt. Als ich fertig war, habe ich gedacht: «Mist, hast du den Preis abgemacht?!»

Im Auto auf dem Heimweg. Landstraße zwischen zwei Orten. Die Ölkontrollleuchte blinkt auf. Mein erster Gedanke: «Toll, Öl ist alle. Die hätte ja auch mal früher angehen können.»

In Erwartung eines dringenden Briefes öffne ich zunächst den Briefkasten unten im Hauseingang. Da der noch leer ist, gehe ich kurz aus dem Mehrfamilienhaus, um zu sehen, ob der Briefträger schon in Sichtweite ist. Auch das ist nicht der Fall, wonach der nächste logische Schritt natürlich ist: ein zweites Mal den Briefkasten aufmachen, um zu sehen, ob sich der Posteingang inzwischen «aktualisiert» hat.

Ich bin auf Diät, sitze in einem Café und trinke Cola light. Ich denke daran, dass es die in meiner Lieblings-bar nicht gibt, und sage zu meiner Freundin: «Es müsste überall kalorienreduzierte Getränke geben.» – «Du meinst so etwas wie Wasser?»

12. Klasse. Skifreizeit. Wir sollen Bettzeug mitbrin-gen. Der Lehrer sagte zuvor: «Wer keine Tasche für seine Ski hat, kann diese auch einfach in den Bett-bezug einschlagen.» Wie praktisch, dass man dann noch den Kissenbezug für die Skistiefel übrig hat. Unpraktisch allerdings, dass dieser mit Skischuhen drin nicht so richtig gut zu greifen ist. Ich sagte zu meiner Mutter: «Es wäre schon toll, wenn es einen Kopfkissenbezug mit Henkeln gäbe. Damit man ihn besser tragen kann, wenn man da mal was reintut.» Meine Mutter starrte mich irritiert an und fragte dann: «So was wie eine Tüte?»

Ich sitze fest auf dem rechten Fahrstreifen und denke: «Mist! Ich wollte doch links abbiegen … Wo ist der Rückgängig-Button?!»

Ich bin im Stadion und schaue ein Fußballspiel an. Ich berichte einem Freund davon per Handy, der das Spiel

live im Fernsehen sieht. Plötzlich vibriert die Hosentasche. Ich frage mich, ob vielleicht ein Tor gefallen ist,
sein Bildsignal könnte ja schneller gewesen sein.

Ich kam von einer Party nach Hause und war über-
rascht, wie klar ich im Dunkeln sehen konnte. Die einzige Lichtquelle war die LED-Leuchte am Fernseher. Da wurde mir klar, warum ich so gut sehen konnte.
Die Leuchte war schon so lange an, dass sich das Licht
gesammelt hatte!

Mein Kleid hatte einen Fleck und ein Loch. Ich habe
es in die Waschmaschine gesteckt. Als die Ladung
fertig war, meinte ich zu meinem Freund: «Der Fleck
ist rausgegangen, ob das Loch noch da ist, muss ich
mal schauen.»

Ich lese am liebsten Hörbücher.

Im Auto. Unterhalte mich mit meiner Frau, die
neben mir sitzt und hab die Musik leise gedreht, um
besser zuhören zu können. Sie erzählt gerade etwas,
spricht aber sehr gedämpft. Ich verstehe sie kaum
und tippe auf die «Volume +»-Taste vom Radio, um
die Stimme meiner Frau lauter zu drehen.

Nach langer Zeit des digitalen Lesens lese ich wieder mal ein papierenes Buch. Als ich am Ende der Seite ankomme, tippe ich auf die untere Ecke der Seite. Einmal, zweimal – und fange an mich zu wundern, warum die neue Seite nicht erscheint.

Ich kam aus der 3-D-Vorstellung von «Guardians of the Galaxy» und dachte: «Das echte Leben müsste auch in 3-D sein!»

Während einer Autofahrt beobachten wir zwei Hubschrauber, die in stetig gleichem Abstand neben uns herfliegen. Mein Mann: «Schau, da schleppt einer den anderen ab.» Ich nicke zustimmend.

Ich folge auf Twitter einem Account, der die Ereignisse des jeweiligen Tages vor 25 Jahren tickert. Geistesblitz heute Morgen: Wenn die das nur lang genug so weitermachen, dann kommen sie irgendwann in der Gegenwart an und tickern sogar live!

Ich lese auf einem E-Reader ein englischsprachiges Buch. Danach lese ich ein «Papierbuch», ebenfalls auf Englisch. Und will allen Ernstes auf ein Wort drücken, damit die Übersetzung erscheint.

Morgens im Bad, meine Füße froren auf den kalten Fliesen. «Es müsste Handschuhe für Füße geben.»

Ich überquerte neulich eine ruhige Straße in einem Wohngebiet und hatte versäumt, mich vorher ordentlich umzugucken. Dachte aber: «Na ja, wenn ein Auto herankommt, höre ich das ja.» Dann fiel mir ein, dass es auch Elektroautos gibt, die man kaum noch hört. Und hatte dann die blitzgescheite Einsicht: «Aber wenn ein Elektroauto mich anfährt, dann tut es ja auch nicht so weh.»

Wir haben einen Brita-Wasserfilter, damit die Maschine nicht so verkalkt und weil es besser schmeckt. Das Ärgerliche: Wenn man sich schnell einen Kaffee zubereiten möchte, dauert es ewig, bis das Leitungswasser durch den Filter in die Kanne tröpfelt und man es verwenden kann. Heute Morgen habe ich den Filter mit einem brillanten Gedanken entschieden verbessert: Wenn man das Leitungswasser am Filter vorbei in das Gefäß laufen lässt, geht es viel schneller!

Beim Suchen im Telefonbuch meines Handys: «Würde ich alle Nummern als Favoriten speichern, müsste ich nicht so lang suchen.»

Der Sommer war heiß, dieser Tag besonders, ich schwitzte und hörte meine Mutter sagen: «Es müsste Klimaanlagen für draußen geben.»

Wir wollen zu einer Party fahren, sind etwas spät dran. Meine Freundin ruft aus dem Bad: «Guck doch mal bei Google Earth, ob bei XY vorm Haus ein Parkplatz frei ist!»

Ich arbeite bei einer Tankstelle. Gestern kam ein Typ rein und fragte, ob wir dauerhaftes Öl hätten. Ich schaute ihn verständnislos an, also erklärte er es mir. «Öl, das man nicht wechseln muss.»

Ich versuche hin und wieder reflexartig, Fliegen auf dem Monitor mit dem Mauszeiger zu verscheuchen.

Ich habe ziemlich suppiges Chinazeugs von einem flachen Teller gegessen und sagte zu meinem Kumpel, es wäre doch großartig, wenn man eine Art Teller mit höheren Seiten hätte, die die Flüssigkeit halten.

Mein kleiner Sohn liebt Bagger. Also schauten wir einem Bagger zu, der eine große Steinplatte anhob (wie ich jetzt weiß, mit einem Vakuum-Hebegerät). «Schau mal», erklärte ich, «der hebt den Stein mit einem Magneten.»

Ich war extrem genervt davon, dass ich zur Post musste, um ein Paket aufzugeben, und sagte zu meiner Frau: «Es müsste so etwas geben wie Briefträger, die bei einem die Pakete abholen.» – «Du meinst wie Kurierdienste?»

Jemand hatte eine Prospekthülle zu nah an das Faxgerät gelegt, sodass sie versehentlich eingezogen wurde. Als sie unten rauskam, dachte ich: «Wer zum Geier faxt uns da eine Tüte?»

Ich dachte mir mal, wie cool und praktisch es doch wäre, wenn man von der Realität auch Screenshots machen könnte. Dann fiel mein Blick auf meine Kamera.

Ich habe meine PIN eingegeben. In der Mikrowelle. Die Lasagne ist verbrannt.

Stell dir vor, man könnte kurze Audiobotschaften an Leute schicken und die könnten dann direkt antworten.» – «So wie bei einem Telefonat?»

Auf der Autobahn, ich wechsele die Spur und sage zu meiner Verlobten: «Wenn Blinker automatisch aufhören zu blinken, nachdem man abgebogen ist, warum fangen sie dann nicht automatisch an zu blinken, bevor man abbiegen muss?»

Ich stand in der Buchhandlung und konnte mich überhaupt nicht entscheiden, welches Buch ich kaufen sollte. Da hatte ich eine super Idee, die ich sofort meiner Freundin mitteilte: «Es müsste so etwas wie Videotheken für Bücher geben!»

Ein Kumpel erzählte davon, dass in den nächsten Jahrzehnten alle Küstenstädte im Meer versinken würden. Ich sagte: «Es sollte was erfunden werden, das CO_2 in Sauerstoff verwandelt.» – «Bäume?»

Während meines Studiums saß ich mittags in der Mensa und wollte eine Flasche öffnen, fand in meiner Tasche aber nur ein Feuerzeug. «Ach, geht auch», dachte ich und öffnete die Flasche. Drei Stunden später stand ich an der Bushaltestelle und wollte rauchen, fand aber statt des Feuerzeugs nur einen Flaschenöffner in der Tasche. Dachte mir: «Ach super, das geht doch, hat ja eben auch andersrum funktioniert.»

Ich saß nach einem Essen mit der Familie meiner neuen Freundin in der Cigar Lounge – mit meinem Schwiegervater in spe. Das Gespräch war etwas zäh, aber die Zigarre schmeckte toll. Ich dachte, wie schade es doch eigentlich sei, dass man in den kurzen Pausen bei der Arbeit nie Zeit dafür hat. Also sagte ich: «Man könnte so etwas wie ganz kleine Zigarren herstellen, die man in vergleichsweise kurzer Zeit rauchen kann.»

Ich habe schon meine Schlüssel gesucht und den Impuls gehabt, sie zu googeln.

Zwei meiner Freunde hatten angefangen, sich darüber zu streiten, ob technischer Fortschritt oder Verzicht den Planeten retten würde. Der eine brachte Drei-Liter-Autos ins Spiel. Ich sagte: «Drei-Liter-Autos? Da muss man aber oft tanken …»

Ich diktierte einem Kunden einen Zugangscode: «Siebenundzwanzig B neun null.» Kunde: «Meinen Sie den Buchstaben Null oder die Zahl Null?» Ich: «…»

«‹Die Vögel› ist ein super Film, es wäre doch interessant, wie das mit heutigen Stars und modernen Spezialeffekten aussähe. Man könnte das auch mit anderen Filmen

machen, da gäbe es doch bestimmt einen Markt für.» –
«Remakes?»

Als ich mich an einem schönen Sommertag in Berlin einem Infostand für Carsharing näherte, wurde
ich bei meiner Nachfrage, woher ich denn erfahren
würde, wo der nächste freie Wagen stünde, auf den
Appstore verwiesen. Ich werde die höflich grinsen-
den Gesichter der beiden jungen Frauen nicht vergessen, als ich daraufhin nach der Adresse des nächsten Appstores fragte.

Ich habe mir eine phantastische Methode ausgedacht,
Autos weiterzuentwickeln. Man könnte sie einfach auf
etwas stellen, das sie leitet, sodass sie nicht vom Weg
abkommen, man wählt sein Ziel und los! Ich habe Züge
erfunden!

Ich war in einer Buchhandlung, in der die Bücher
nach keinem erkennbaren System sortiert waren.
Also dachte ich «ctrl f» und den Namen des Autors
und war einen Moment lang ernsthaft erstaunt, dass
das passende Buch nicht nach vorne zoomte.

Auf der Autobahn hatte ich eine großartige Idee. Man könnte doch bei allen Autos übergroße Magneten vorne vor dem Kühlergrill anbringen, sodass man ganz ohne Sprit einfach vorankäme, indem man an andere Autos andockt.

Ich habe gestern staubgesaugt. Als ich fertig war und von einem Raum in den nächsten wollte, habe ich den Staubsauger nicht am Schlauch hinter mir hergezogen, sondern versucht, ihn mit den gleichen Pfeiftönen zu locken, mit denen ich unseren Hund rufe.

«Viele Leute campen doch im Wald oder sonst wo im Freien. Das ist ja schon ganz cool, aber Städte sind doch eigentlich geiler. Warum campen Leute nicht in den Städten?» – «Du meinst: wie Obdachlose?»

Heute Morgen dachte ich, mein Wecker würde rückwärts laufen. «Ah, Viertel nach acht, in einer Viertelstunde ist es acht, dann muss ich aufstehen.»

Ich scheitere immer wieder daran, morgens meinen Wecker auszustellen: Mir will einfach nicht mehr einfallen, wie ich mit dem Mauszeiger den Knopf vom Wecker erreiche.

Mein Mann fragt: «Hast du den USB-Stick gesehen an deinem Schlüssel?» – «Ist der denn für mich?» – «Ja, ich habe dir da was draufgemacht.» – Ich wende den USB-Stick einige Male in den Händen, schaue wirklich genau hin und rufe dann: «Aber da ist doch nur ein Aufkleber drauf.»

Ich arbeite an meiner ersten Kollektion als Jungdesignerin. Während ich entwerfe, überlege ich mir, dass es doch großartig wäre, wenn es so was wie eine Vernissage auch für Kleidung gäbe.

Beim Putzen einer schwer zugänglichen Stelle denke ich: «Ich muss dringend alte Zahnbürsten kaufen.»

Ich saß in der Bahn, hatte Ohropax im Ohr und träumte vor mich hin. Dann nahm ich sie raus, drehte mich zu meiner Frau und sagte: «Weißt du, was eine tolle Sache wäre? Ohropax, aus denen auch noch Musik rauskommt!»

Ich habe einen Kuchen gebacken und den Zucker vergessen. Das Ergebnis war eigentlich recht schmackhaft, eher herzhaft als – na klar: süß. Eine kurze Weile dachte ich freudig aufgeregt darüber nach, dass ich gerade den «nicht süßen Kuchen» erfunden hätte. Ich fragte mich, warum vor mir noch keiner draufgekommen ist. Dann fiel mir Brot ein.

Schafe in der Moderne

Im Mai 1999 verglühte die NASA-Sonde Mars Climate Orbiter in der Atmosphäre des Mars. Einige Ingenieure hatten im angloamerikanischen Maßsystem gerechnet statt im metrischen. Ein 125-Millionen-Dollar-Schaf.

In der Geschichte gibt es einige bemerkenswerte Fälle von Augenblicksidiotie.

Der französische General Martin schloss sich und seine Truppen aus seinem eigenen Bunker aus, Schabowski ließ die Grenzen öffnen, und von Columbus wollen wir erst gar nicht anfangen.

Und doch drängt sich das Gefühl auf, früher seien die Dinge einfacher gewesen. Übersichtlicher. Wie eine frischgemähte Wiese.

Man musste sich nicht fragen, ob man den Facebook-Status «Meine Mutter ist gerade gestorben» liken soll oder mit

«*Mein Beileid*» kommentieren, man buchte sein Pferd beim Metzger und nicht sein Auto im Internet, und wer alles über einen wusste, das war die eigene Mutter und nicht Google.

Es geht nun also um Technik, die entgeistert. Wir sollten uns nicht schuldig fühlen, wenn wir im Angesicht der Technik zu blöken beginnen. Schließlich heißt es, dass jede hinreichend fortschrittliche Technologie von Magie nicht zu unterscheiden sei. Ein Smartphone ist also ohne Zweifel Magie.

Ich weiß nicht, was Menschen gemacht haben, als es noch keine Handys gab. Wie konnten sie einander mitteilen, dass sie gerade nicht sprechen können?

Man braucht nicht viel, um ein Handy nutzen zu können, man braucht dafür allerdings ein Handy, was eine bemerkenswerte Hürde darstellt. Hat man diese Hürde genommen, muss man eigentlich nur eine Kleinigkeit im Auge behalten: Hat man das Handy in der Hand, ist es nicht verloren. Klingt albern? Sie werden bald verstehen, was ich meine.

Als das Auto gerade erfunden war, ging man übrigens davon aus, dass ein Mensch eine solche Geschwindigkeit geistig nicht verkraften würde. Wie recht man damals hatte.

Schafe und Technik

Am Flughafen, kurz vor der Kontrolle. Der Sicherheits-
mann sagt, ich müsse meinen Laptop rausnehmen, und
ich denke: «Verdammt, wenn die den jetzt durchleuch-
ten, sehen die alle meine Pornos.»

Freischaltung des Internetanschlusses und Lieferung
des tollen neuen MacBooks fallen auf denselben Tag.
Aufregung. Und es funktioniert natürlich NICHT.
Der Telefonsupport des Internetanbieters wird be-
müht, und ein kompetenter Mac-Spezialist navigiert
fernmündlich durch Menüs und Programme. Bis
zu dem Moment, als er mich bittet, alle Fenster zu
schließen. Ich klemme mir das Telefon unters Ohr,
eile zum geöffneten Küchenfenster und bitte den
auch anwesenden Vater, doch noch die Fenster im
Wohnzimmer zu schließen. Der kommt der Bitte
nach, und wir fragen uns beide, welche Strahlung wir
damit wohl abschirmen. Und woher der Mann am
Telefon wohl weiß, dass hier Durchzug ist.

Mein Laptop steht etwas wackelig auf einem Kissen, ich bin einige Meter entfernt. Ich habe ein paar Chatfenster offen, es fängt an zu pingen, und ich sorge mich, dass der Laptop durch das Geräusch jetzt das Gleichgewicht verlieren könnte.

Ich habe einen Stadtplan in der Hand und suche das «Sie befinden sich hier»-Symbol.

Ich komme gerade von der Toilette, schaue auf meinen Laptop, auf dem steht: «Ihre Sitzung ist abgelaufen.» WOHER WISSEN DIE DAS?

Ich bitte meine Kollegin, mir ein PDF mit wichtigen Kundendaten zu schicken. «Ich habe das PDF nicht mehr, das habe ich eben an die Buchhaltung geschickt.»

Beim Abendbrot haben meine Geschwister und ich uns über Reagenzglasgeburten unterhalten. Ich war der Einzige, der ein Problem darin sah, das immer größer werdende Baby jeweils in ein größeres Glas «umzutopfen».

Der Staubsauger saugt nicht mehr mit voller Power. Gehäuse auf, nachgeschaut und bemerkt, dass der

Filter hinter dem Beutel verstopft ist. Okay, sauber machen ... Man, ist das mühselig mit den Fingern ... Kann man das nicht einfach absaugen?

Ich las zusammen mit meinem Freund einen Artikel darüber, dass amerikanische Universitäten im Besitz aussortierter Militärwaffen sind. Am Ende des Artikels ist eine Liste aller Militärgegenstände angehängt. Als in dieser Liste der Begriff «Borelight system, Laser» auftauchte, fragte ich meinen Freund, was das sei. Er antwortete, noch immer vertieft in den Artikel: «Lasermesser.» In der ersten Sekunde fragte ich nur verwirrt: «Hä? Man kann doch keinen Laser schneiden!» Als Reaktion auf den ungläubigen Blick meines Freundes reagierte ich schnell mit: «Ahh, okay! Ein Messer aus Laser!»

Mit den Gedanken mal wieder ganz woanders, habe ich wichtige Notizen, die ich mit Bleistift geschrieben hatte, wegradiert. Als mir auffiel, dass ich diese Notizen ja noch brauche, war ich kurz beruhigt, da es ja noch die Rückgängig-Taste gibt.

Meine Schwiegermutter besuchte einen Computerkurs für Anfänger. Plötzlich hob sie die Maus in die Höhe und strich mit ihr über den Monitor. Als die erstaunten Kolleginnen fragten, warum sie das mache, erklärte sie, der Kursleiter hätte ja gesagt: «Bewegen Sie die Maus über den Bildschirm.»

Ich hatte mal eine Single, von der ich sicher war, sie sei der deprimierendste Song, den es je gab. Dann hat ein Freund sie auf 45 gestellt.

«Wie haben eigentlich früher Leute ihr Festnetztelefon gefunden?» – «Wie meinst du das?» – «Na, bevor es Handys gab, mit denen man anrufen konnte, um nach ihnen zu suchen.» – «Äh – das stand an einem festen Ort.» – «Gott, stimmt ja, ich erinnere mich. Aber was hat man dann in der Badewanne gemacht? Mit Laptop baden geht ja irgendwie gar nicht.» – «Komm, iss mal was.»

Ich drehe den Warmwasserhahn auf. Weil das Wasser mir zu heiß ist, drehe ich den Strahl kleiner. Weil das Wasser ja dann auch weniger heiß wird …

Da sitze ich also vor dem Rechner und gestalte mit Photoshop an einem Layout für einen runden Pin-Button (ja, diese runden, flachen Plastikteile zum Anstecken) rum. Einfacher geht's nicht: schwarzer Text auf weißem Hintergrund. Sonst nichts.

Irgendwann habe ich dabei die glorreiche Idee, den Text um 45 Grad zu drehen beziehungsweise zu kippen, damit der Button einfach etwas cooler aussieht. Kurz darauf merke ich, wie bescheuert ich bin. (Will man den Text auf dem Button gedreht haben, steckt man sich den Button einfach gedreht an.)

Habe mit dem Finger auf dem iPad unterschrieben und dann versucht, dem Techniker den Finger zurückzugeben.

Im Supermarkt an der Kasse, ich zahle mit Karte. Der Kassierer sagt: «Und jetzt bitte 3546 eingeben.»

Ich bin vor einigen Wochen nach Kalifornien gezogen. Seit ein paar Tagen wundere ich mich, was das für eine merkwürdige kalifornische Kuckucksart ist, die man hier immer mal wieder hört. Als ich meine Frau darauf hinwies, meinte sie nur: «Das ist die Fußgängerampel.» Sie hat natürlich recht.

Die ganze Nacht am Computer gespielt. Vor den gefährlichen Momenten immer schön den Zwischenstand gespeichert. Morgens gehe ich erst einmal Brötchen holen und trete gedankenverloren auf die Straße. Direkt vor mir rauscht ein Auto vorbei. Ich denke: «Verdammt, das war knapp, und ich hab gar nicht gespeichert.»

Ich arbeite beruflich viel mit dem Diktaphon.
Als ich dann meinen Anrufbeantworter besprochen habe, lautete die Ansage: «Leider sind wir derzeit nicht zu Hause Punkt In dringenden Fällen erreichen Sie uns unter folgender Nummer Doppelpunkt ...»

Vor Jahren, als das Fax noch relativ neu war, kündigte ich ein Fax bei einer wichtigen Geschäftskundin an und sagte: «Ich habe dann allerdings keine Unterlage mehr. Wenn Sie sie bitte bei Bestellung bereithalten würden?»

Ich kopiere mit meinem alten Drucker, der drucken, scannen und kopieren kann, eine Sterbeurkunde. Auf dem Bildschirm wird das Gewünschte angezeigt, das ich anschließend ausdrucken kann. «Mist», denke ich, «auf dem Kopf! Ich muss das Dokument nochmals kopieren!»

Beim Kopieren eines Textes, der später in einer Dokumentation für einen Kunden auftaucht, komme ich aus Versehen auf eine Taste, drücke Backspace und denke mir: «Bloß keine Rechtschreibfehler, das geht ja noch an den Kunden.» Der kopierte Text war «Lorem Ipsum».

Sehe in einer Zeitung Werbung für einen blauen Winterparka und denke: «Krass, sogar hier targeted advertisement.»

Ich saß mit einem gelben Textmarker in der Hand vor dem Computer. Auf bild.de sah ich dann, dass in einer Überschrift zwei Worte gelb unterlegt waren, und fragte mich, warum ich die denn markiert hatte.

Von einer Stadtverwaltung brauchte ich unbedingt eine bestimmte Abrechnung. Während des Anrufes sagte mir die Sekretärin: «Ich kann es Ihnen nicht faxen, der Bürgermeister braucht das Schreiben noch.»

Ich stehe neben meiner Freundin am Geldautomaten. Der Touchscreen reagiert nicht recht, also drückt sie mehrfach auf das 100-Euro-Feld. «Vorsicht!», sage ich. «Gleich bucht dir das 500 Euro ab, und du bist im Minus!»

Ich suche im Intranet der Firma nach der Telefonnummer eines Kollegen und gebe dafür den Vornamen in das Suchfeld ein.

Nachdem ich die Nummer gefunden habe, scrolle ich noch mal über die Ergebnisse und ärgere mich: «Boah! Schon wieder nur Männer! Typisch!»
Bis mir auffällt, dass ich ja nach «Bernd» gesucht habe.

«Ich habe gar kein Papier mehr. Kannst du mir neues faxen?»

«Du musst die DVD noch zurückspulen, ehe wir sie zurückbringen.» – «Nein, Mama.»

Ich bin Psychologiestudentin und teste sprachliche Stimuli an Probanden. Sie hören das Material per Kopfhörer und sollen es beurteilen, ganz nach ihrem subjektiven Empfinden. An einem Tag hatte ich vergessen, die Kopfhörer mit ins Labor zu bringen, und mir blieb nichts anderes übrig, als die Stimuli laut vorzuspielen, sodass der Proband mir gegenüber, aber eben auch ich das Material hörte. Minutenlang folterte mich der Gedanke: Wenn ich die Stimuli auch höre, ist der Proband ja durch mein Bauchgefühl beeinflusst in seiner Beurteilung!

Ich erzähle einer Freundin von der (damals) neuen Technik eines Autos, dass die Scheinwerfer nach dem Abschließen noch leuchten. Und zwar bis man an der

Haustür ist. Sie überlegt eine Weile und fragt dann ganz verwundert: «Aber woher weiß denn das Auto, dass du an der Haustür bist?»

Ich bekomme eine E-Mail von einer Freundin. Kurz darauf eine weitere von ihr. «Kannst du mir bitte die E-Mail zurücksenden? Sie war nicht für dich bestimmt.»

Höre ein Audiobuch und merke nach zwei Stunden zufällig, dass mein iPod im Shuffle-Modus ist.

Die Sekretärin meines Chefs musste für mich eine Mail weiterleiten (warum genau: komplizierte Geschichte). Weil aber irgendwie nichts geschah, stiefelte ich zu ihrem Schreibtisch und sagte ihr, dass ich ihr eine Mail geschickt habe, ob sie die schon weiterleiten konnte. Sie öffnete einen Ringbuchordner und blätterte darin. «Ist nichts da.» – «Nein, ich meine eine Mail, schauen Sie doch vielleicht gerade mal in Ihren Maileingang.» Sie legte ihre Hände auf die Blätter, schaute drauf. – «Nein, wirklich nicht da.» Ich ging um ihren Tisch herum hinter ihren Stuhl, berührte mit dem Finger ihren Bildschirm: «Dadrin. In den Mails.» Sie schaute wieder in ihren Hefter.

Meine Tochter fragt, was sie für ihr Moped tanken muss. «1:50», sage ich. – «Waaaas, so viel passt doch da gar nicht rein!»

Ich bin ein Retortenkind. Einmal war ich irre betrunken und habe versucht, das Leuten zu erklären, aber alles, was aus mir herauskam, war: «Meine Eltern hatten nie Sex mit mir.»

Lese «Geraubte Grüngeckos fliegen heim nach Neuseeland» und denke: «Krass, die Viecher können fliegen?»

Gerade in die Bank rein, um am Automaten Geld abzuheben. Ich muss jetzt doch irgendetwas aus der Tasche nehmen, um an Geld zu kommen? Eine Sekunde später stehe ich mit gezücktem Schlüssel vor dem Automaten und überlege den nächsten Schritt.

Ich konnte meine Autoschlüssel nicht finden. Erst als ich mein Telefon schon am Ohr hatte, habe ich realisiert, dass man seine Schlüssel nicht anrufen kann.

Ich habe ein schönes, sehr aufwendig gebasteltes Schild, auf dem für Gäste Name und Passwort des WLAN meiner Wohnung stehen. Neulich dachte ich kurz: «Wie schade, dass ich das nicht mehr verwenden kann, wenn ich umziehe.»

Ich hatte mal eine Kundin, die Visitenkarten und eine Website von mir haben wollte. Sie bestand darauf, dass ich dieselbe Schrift verwende, die sie schon zuvor benutzt hatte. Leider hatte ich die Schrift nicht, also schickte sie sie mir per Mail, mit der Bitte, die Schrift zurückzuschicken, wenn ich damit fertig bin. Ihr Mann habe sie ihr geschenkt und sie wollte nicht, dass er etwas merkt.

Zur U- und S-Bahn geht von der Straße aus ein kleiner Aufzug runter. Als oben, an der Straße, die Tür aufgeht, frage ich die Personen darin: «Fahren Sie hoch oder runter?»

Vor einigen Jahren lief im Radio eine Sendung über das erste Retortenbaby, und ich fragte meinen Mann: «Haben Retortenbabys eigentlich einen Bauchnabel?»

Ich kann die Milch nicht oben in den Kühlschrank stellen, das Licht wärmt sie sonst zu sehr auf.

Meine Wohnung ist recht klein und viel zu vollge-
stellt. Kurz vorm Einschlafen kam mir der Gedanke,
meine Sachen auf eine externe Festplatte zu laden.

Ich laufe mit Kopfhörern durch die Stadt, als eine
Bekannte meinen Namen ruft. Um sie besser verstehen
zu können, nehme ich erst mal meine Brille ab.

«Nimmst du nachher den Laptop mit in den Unter-
richt?» – (geistesabwesend) «Aber wie soll ich den
denn dahin bekommen?» – «Na ja, du könntest ihn
unter den Arm klemmen.» – (erstaunt) «Gute Idee!»

Ich habe für einen Versicherungsmakler eine Website
gemacht. Irgendwann kam er ins Büro, schaute sich
meine Arbeit an und hielt kopfschüttelnd seine Visi-
tenkarte an meinen Monitor. Als ich nicht von alleine
draufkam, was er wollte, fragte er: «Merken Sie jetzt
aber selber, oder? Sind das die Farben auf meiner Visi-
tenkarte?» Ich habe meinen Monitor heller gemacht,
und er sagte: «Geht doch. War doch nicht so schwer,
oder?»

Eine Freundin bittet mich, ihr aus dem Büro einen
Leitfaden für Mitarbeitergespräche zu faxen, den ich

nur auf Papier habe. Klar, mache ich gerne. Dafür gehe ich zum Fotokopierer und mache eine Kopie des Leitfadens. Um ihn ihr zu faxen.

Ich hatte mal einen Radiowecker mit Fallblattanzeige, ähnlich der klassischen Anzeigetafeln am Flughafen. Den konnte man immer nur minutenweise vorwärtsstellen, indem man ein Rädchen mit dem Daumen eins weitergedreht hat. Rückwärts ging nicht. Zur Sommerzeitumstellung (1 Stunde vor) musste man also 60-mal das Rädchen drehen. Zur Winterzeit (1 Stunde zurück) habe ich dann 23 x 60, also 1360-mal, am Rad gedreht. Davon tat mir hinterher der Daumen weh, und es hat etwa genauso lange gedauert, wie wenn ich den Radiowecker einfach eine Stunde lang ausgeschaltet gelassen hätte.

Gestern habe ich am Automaten Geld abgehoben. Ich schob meine EC-Karte hinein und starrte auf meinen Geldbeutel, während ich auf eine Reaktion des Geräts wartete. In diesem Moment traf es mich wie ein Blitz: Das Fach für die Geldkarte war leer!

Ich lese auf meinem E-Book-Reader. Auf dem Display liegt eine ausgefallene Wimper. Nach dem Umblättern wundere ich mich, dass auf der nächsten Seite schon wieder eine ausgefallene Wimper liegt.

Meine Kollegin tippt Kommentare ab, die sie per E-Mail bekommen hat. Viele Minuten lang. Irgendwann kommt sie auf die Idee: «Könnte man auch kopieren.»

Ich will gerade ein Youtube-Video runterladen, gehe noch mal kurz in die Küche, um nach dem Essen im Backofen zu schauen, und denke: «Wo du gerade in der Küche bist, kannst du gleich den Youtube-Downloader mit hochnehmen, bevor du nachher wieder runtergehst und ihn suchst.»

Wenn ich einen Text auf dem Tablet schreibe und per copy and paste mit dem Zeigefinger etwas zwischenspeichere, dann ertappe ich mich immer wieder dabei, dass ich vorsichtshalber einen anderen Finger zum Weitertippen verwende, bevor ich den Link, Text etc. einsetze.

Als Student schreibe ich viel am Laptop. Wenn ich dann doch mal wieder etwas von Hand schreibe und mir bei einem Wort nicht hundertprozentig sicher bin, wie man es schreibt, ertappe ich mich häufig dabei, wie ich auf meinen Block starre und warte, ob das Wort nun rot unterstrichen wird oder nicht.

Deutschunterricht, 12. Klasse, Gruppenarbeit.
Wir sollen ein Schaubild für eine Folie machen. Mitschülerin: «Wenn auf der Vorderseite kein Platz mehr ist, können wir ja auch einfach auf der Rückseite weiterschreiben!»

Während meiner Ausbildung in einem Sanitätshaus kam eine Kundin und fragte nach einer Plastikente. Ich schickte die Dame in das benachbarte Spielwarengeschäft. Als «Plastikente» bezeichnet man eine Urinflasche für Männer.

Nach einem langen Arbeitstag wollte ich einfach nicht begreifen, warum meine Wohnungstür nicht aufgeht, obwohl ich doch den elektronischen Autoschlüssel mehrmals gedrückt hatte.

Abends im Bad; ich stelle fest, dass der Akku meiner Zahnbürste leer ist.
Erster Gedanke: «Oh, Scheiße, jetzt kann ich mir heute gar nicht mehr die Zähne putzen!»

Meine Frau gibt mir ihr Handy, damit ich ein paar Fotos aussuchen kann, die ich mir dann an meine Mailadresse schicke. Ich mache das also, rufe ein paar Minuten später meine Mails auf, sehe ein Dutzend Nachrichten von meiner Frau und denke: «Was will die denn von mir?»

In einer Zeitung einen interessanten Artikel gelesen. Am Ende des Artikels ist ein Link abgedruckt mit weiteren Infos. Meine rechte Hand lässt die Zeitung los und zuckt nach rechts, weil ich mit der Maus den Link anklicken will.

Ich fahre die Einfahrt unseres Grundstücks hoch. Beim Einbiegen in den Carport blinke ich selbstverständlich.

Ich mache einen Stadtplan-Screenshot im Wifi und wundere mich beim Anschauen zwei Stunden später, warum immer noch drei Uhr ist.

Ich betrachte bei einer Rast während einer langen Autobahnfahrt das Tablet-Display meiner Tochter und bin völlig genervt, weil es kaputt ist. Es ist dunkel und zeigt fast nichts mehr an. So wird sie keine Filme anschauen können. Ich probiere alles aus, starte neu,

suche in den Grundeinstellungen nach der Hellig-
keitseinstellung ... nichts passiert. Bis ich die Son-
nenbrille absetze ... da geht es plötzlich wieder.

Mein Vater kommt morgens in die Küche. Er will sich
gerade seine Hörgeräte in die Ohren stecken und hält
sie aufgrund seiner Kurzsichtigkeit weit von sich weg,
um sehen zu können, welches ins linke und welches ins
rechte Ohr gehört. «Mensch», denke ich, «das ist ja ein
Teufelskreis: Wenn er die Hörgeräte nicht drinhat, kann
er auch nicht sehen, welches Hörgerät wo reingehört.»

Mit unseren Kindern im Kino. THX Sound Effect
läuft laut, ich drehe mich zu meiner Tochter: «Hast
du die Fernbedienung?»

Ein Freund (Kfz-Mechaniker) und ich fahren in einem
alten Mercedes durch die heiße Stadt.
Er schaut zur Temperaturanzeige der Kühlerflüssig-
keit und sagt: «Verdammt, wir sind schon bei 90 Grad.»
Ich so: «Ach, keine Sorgen, mehr als 100 Grad zeigt die
Anzeige eh nicht an.»

Nach einer langen Schicht als Aushilfe an der Kasse
will ich am Abend noch etwas Geld abheben und

sage, als der Automat mir den Geldschein ausspuckt, freundlich: «Vielen Dank, stimmt genau!»

Ich ärgere mich, was für einen Schwachsinn die schon wieder im Radio spielen. Dann realisiere ich, dass es die selbst zusammengestellte Playlist meines MP3-Players ist.

Als ich heute Morgen nach eindeutig zu wenig Schlaf meine extrem schwere Handtasche (sogar Maggie Thatcher wäre neidisch gewesen) anhob, schoss mir durch den Kopf, dass die Tasche gar nicht so schwer sein dürfte, schließlich war das darin befindliche iPad gar nicht aufgeladen.

Habe gerade versucht, den Cursor wegzupusten.

Ich bin dabei, eine Küchenlampe anzuschließen. Sicherung raus, klar. Meine Mutter kommt rein, um kurz etwas abzuspülen, und für einen Augenblick denke ich: «Wieso kommt denn da Wasser, ich habe doch die Sicherung …»

In der Apotheke, um einen Schwangerschaftstest zu kaufen. «Ich hätte gern einen Schwangerschaftsstreifen.»

Lege eine der vier DVDs meiner Serienbox ein. Bin nicht ganz sicher, bei welcher Folge ich aufgehört habe, schätze grob und drücke auf Play. Nach drei Sekunden fällt mir auf, dass ich die Folge schon kenne, und wähle die darauffolgende an. Gleiches passiert mir noch zweimal – bis mir einfällt, dass der Vorspann ja immer derselbe ist.

In den tiefen 90ern, als es noch Disketten gab, sogar in den zwei Formaten 5,25 Zoll und 3,5 Zoll: Ich wollte eine 3,5er Diskette einlegen, erwischte aber das breitere und viel dünnere 5,25er Laufwerk. So weit kein Problem. Leider hatte ich die fette 3,5er Diskette mit Gewalt zu 2/3 reingestopft und anschließend den WG-Kollegen und Eigentümer des Computers verzweifelt angeschaut – weil das blöde Ding feststeckte. Ich war damals Student an der Technischen Universität.

Ich weise eine Freundin darauf hin, dass sie am Abend ihr Fernglas aufladen muss.

«Aha, kurz vor zwei Uhr», denke ich. Mit Blick auf das Thermometer.

Ich erzähle meiner Freundin, dass mein Cousin abgemahnt worden ist. «Warum?», fragt sie. «Weil er Game of Thrones runtergeladen hat.» – «Und jetzt muss er denen das zurückschicken?»

Am Wochenende bin ich in eine Buchhandlung gegangen, um dort nach einer Leseleuchte zu schauen, die man sich ans Buch klemmen kann. Zur Sicherheit habe ich das Buch, das ich gerade lese, mitgenommen, damit ich vor Ort gucken kann, wie die Lampe daran befestigt wird.

Meine Frau und ich standen im Garten, hörten am Himmel ein Geräusch. Aufblickend sahen wir kurz ein Flugobjekt hinter den Bäumen verschwinden. Meine Frau: «Das sah ja komisch aus, wie ein UFO.» Ich darauf: «Nee, UFOs klingen anders …»

Beim Telefonieren mit einer Freundin abends beim Blick aus dem Fenster. «Seit wann schalten die denn so spät noch die Laternen ein?»

Ich habe gerade ernsthaft von oben auf den Rand meines Kindle geguckt, um nachzuschauen, wie weit ich schon in dem Buch bin, das ich darauf lese.

Ich wollte die Uhrzeit wissen, aber sowohl mein Handy als auch mein Computer waren in Reparatur. Mir fiel ein, dass ich noch einen alten Wecker in einer Schublade hatte, wenn ich noch die richtigen Batterien finden würde, wüsste ich gleich, wie spät es ist.

Ich greife nach einem Papierstreifen als Lesezeichen, während ich den letzten Satz eines Kapitels lese. Auf einem Kindle.

EC-Karte verloren. Also rufe ich bei meiner Bank an. Der Herr sagt: «Die wird jetzt gesperrt, dauert 5 bis 10 Tage, bis Sie die neue Karte haben.» Okay, damit hab ich gerechnet, nur: «Jetzt habe ich aber ein Problem, ich verreise morgen, somit kann ich also mit der Karte nicht die benötigte Tankfüllung bezahlen, wenn Sie die jetzt sperren.» – «Ja», sagt der Herr, «Sie haben die Karte doch verloren, wie wollen Sie dann ...» Okay, hab's kapiert, ich hab meine EC-Karte verloren.

Mir passiert es immer wieder, dass ich die Werbung wegklicken möchte, die manchmal bei Spielfilmen eingeblendet wird. Ich greife dann zur Fernbedienung und frage mich kurz, welches Knöpfchen ich nun drücken muss.

Will in den Aufzug einsteigen, bevor er da ist, damit der dann gleich losfahren kann, wenn er kommt.

Sitze mit Sohn und schaue Fußballsammelkarten an ... Wolfsburger Stadion ... «Da guck», sagt er, «spielen sie gerade gegen Hertha» ... Ich seh nix, alles viel zu klein ... bin ganz kurz versucht, auf die Karte zu tippen, um das Bild zum Vergrößern aufzuziehen ...

Viele Steckdosen in meiner Wohnung befinden sich direkt unter dem Lichtschalter. Daher schalte ich meinen Staubsauger gerne mal per Lichtschalter aus. Funktioniert nur leider nicht.

Die Freude, zum ersten Mal seit 15 Jahren wieder 80 kg Körpergewicht unterschritten zu haben, war so groß, dass ich ein Beweisfoto machen wollte. Mit dem Smartphone in der Hand auf der Waage kam dann die Enttäuschung: statt 79,9 kg ganze 80,1 kg. Egal wie oft ich es probierte, es blieb dabei.

Der Moment, wenn man beim Lesen einer E-Mail den «Gefällt mir»-Button sucht ...

Ich habe eine Lichterkette mit kleinen Lampen-schirmen in Blütenform. Letztens sah ich, dass eines der Lämpchen ausgegangen war, und dachte: «Ach schade, schon verblüht!»

Sehe einen großen quadratischen Eingang an einer Schreibmaschine aus den 60ern. Denke: «Mann, waren die LAN-Stecker damals groß.»

Ich will die Wetter-App mit 7 Tagen Regen als Spie-gelung in Pfütze fotografieren, halte das iPhone vor die Pfütze, drücke auf Screenshot.

Meiner Freundin fällt ein Glas auf den Küchenfußboden. Es zerspringt. Vollkommen erstaunt meint sie: «Wow, ich hätte nicht gedacht, dass ein Glas aus so vielen Tei-len besteht.»

Habe denselben Screenshot zweimal gemacht, weil ich ihn an zwei Leute schicken wollte.

Wo ist bloß das fertig eingepackte Weihnachtsgeschenk für meine Mutter abgeblieben, das ich neulich ver-schwinden lassen musste, als sie mich spontan besuchen kam? Ach, kein Problem, das google ich schnell.

Es ist 3:41 Uhr. Ich melde mich in einem Forum an und frage mich, warum es eigentlich keine automatische Passwortvervollständigung gibt.

Möchte meine letzten Weihnachtseinkäufe im Supermarkt mit Karte bezahlen. Anstatt auf dem EC-Beleg zu unterschreiben wie verlangt, beginne ich, meine PIN-Nummer aufzuschreiben.

Der Moment, wenn du den Live-Talk vorspulen willst.

Da meine alte EC-Karte kaputt war, bekam ich eine neue – inklusive neuer PIN. An der Tankstelle stehe ich in einer langen Schlange und gehe im Kopf die verschiedenen PINs durch. «Okay ... 5 3 2 1 ... 5 3 2 1», denke ich ständig und wiederhole die Kombination im Kopf. Als ich an der Kasse bin, sage ich laut «5 3 2 1» und stecke die Geldkarte in den EC-Leser.

«Du könntest dir auch mal einen Rauchmelder zulegen.» – «Wieso, hier raucht doch keiner?!»

Ich öffne die Spülmaschine und wundere mich, dass das Deckenlicht nicht angeht.

Räume abends ein paar Lebensmittel aus dem Kühlschrank und denke noch beim Schließen der Tür daran, dass ich vergessen habe, im Inneren das Licht auszumachen.

Ich wollte wissen, wie spät es ist, also roch ich an meiner Armbanduhr.

Ich darf nicht vergessen, diesen wichtigen Text vor dem Rechnerneustart in die Zwischenablage zu kopieren.

Ich mache mir Notizen auf einem Zettel. Schließlich kopiere ich einen Text auf meinem Computer mit Strg+C, gucke auf meinen Zettel und überlege einen Moment, wie ich den Text jetzt hier einfüge.

Dumm: iPhone fällt aus der Brusttasche auf den Asphalt, Display kaputt und ein einziges Splittermeer. Denke, ich sollte zur Sicherheit schnell so eine Schutzfolie zum Drüberkleben kaufen – kann ja jetzt schließlich jeder ganz einfach an meine Daten, bei den ganzen Rissen in der Oberfläche.

Als ich ein stinknormales Buch für meine Bachelorarbeit las, überkam mich kurz der Gedanke, dass ich mal wieder etwas markieren sollte, weil mir ja sonst der Bildschirm ausgeht.

Ich bin Webdesigner. Mitten in der Nacht ruft mich ein Schauspieler an und brüllt mich zusammen, weil seine Website nicht funktioniert. Nach einer Viertelstunde finden wir gemeinsam raus: Sein Router ist aus.

Schafe im Netz

Eine Facebook-Freundin fragt, ob jemand eine Melone zu verleihen habe, und ich frage mich, ob eine Melone nicht viel zu schnell verzehrt werden muss, als dass Ausleihen viel Sinn ergibt.

Gestern Abend musste ich meinen Router resetten. Als ich fertig war, fiel mir auf, dass ich die Zugangsdaten für meinen Internet- und Telefonanschluss nicht mehr hatte. Heute also der Gang in den Telekomladen.

Ich: «Guten Morgen! Ich habe gestern meinen Router resettet, habe meine Zugangsdaten verloren und komme nun nicht mehr ins Internet.»

Telekom-Mitarbeiter: «Kein Problem, gib mir mal deine E-Mail-Adresse, dann schicken wir dir sofort neue Zugangsdaten zu.»

Ich: «Wie lange dauert das denn, bis ich die neuen Zugangsdaten habe?»

Telekom-Mitarbeiter: «Wenn du den Laden verlässt, sind sie schon in deinem E-Mail-Postfach. Du musst nur das PDF herunterladen und öffnen.»

Ich (total begeistert): «Super, vielen Dank!»

Ich verlasse – ganz angetan vom Service der Telekom – den Laden und fahre nach Hause. Dort angekommen fällt mir etwas auf.

Ich sehe ein GIF vom 1:0 des FC Barcelona gegen Real Madrid und denke: «Wann geht es denn jetzt endlich mal weiter?»

Ein Freund postet ein Bild auf FB: rohes Fleisch auf dem Grill. Einen Tag später sehe ich das Bild wieder und denke: «Wie blöd, immer noch roh.»

Meine Mutter: «Das Internet funktioniert nicht.» Ich: «Hast du den Router schon neu gestartet?» Meine Mutter: «Das weiße Schachtel-Ding?» Ich: «Ja, das weiße Schachtel-Ding.» Meine Mutter geht in den Keller, kommt wieder zurück: «Ich konnte es nicht finden.» Ich: «Wie denn das?» Meine Mutter: «Es ist dunkel da unten, wir haben schon den ganzen Tag keinen Strom.»

Das Internet funktioniert nicht, ich muss googeln, was jetzt zu tun ist.

Lese auf der Facebook-Fanseite einer Schriftstellerin: «Ihr Buch habe ich beinahe in einem Zug gelesen», und denke: «Ein Zug ist doch durchaus ein guter Ort, um ein Buch zu lesen, wo ist das Problem?»

Auf Twitter ein schönes Zitat gelesen: «Ich stieß ihr den Dolch in die Därme, die Tante schnaufte nicht mehr.» Darunter: «Frank Wedekind (24.7.1864–9.3.1918), Der Tantenmörder». Ich denke: «Da hat der Wedekind aber lange dran geschrieben.»

Sehe heute auf Facebook ein Posting von ‹Pflege am Boden› und denke, es handele sich um eine Bodenpflege-Fanpage.

Um mir ein wenig die Langeweile zu vertreiben, scrolle ich durch die Meldungen meiner Facebook-Freunde. Ziemlich unspannend. Boah. Langweilig», denke ich, und überlege, ob ich stattdessen zum Zeitvertreib einfach mal die neuesten Meldungen auf Facebook durchstöbern sollte.

Meine Montage sind ja generell nicht von Klugheit gezeichnet, doch heute dachte ich mir, ich überrasche mich mal selbst. Ich habe mich an meine Facharbeit in Physik begeben. Thema: Biologische Auswirkungen radioaktiver Strahlung. Da dachte ich mir, ich könnte ja mal ein paar schöne Bilder raussuchen. Nun, was gibt man da in Google ein? Bild … ich habe einfach «Bild» eingegeben und mich noch Minuten darüber aufgeregt, dass nichts Brauchbares erscheint.

Im Bus ein Gespräch von Fremden über Facebook belauscht und gedacht: «Warum hab ich die da noch nie gesehen?»

Mist, es muss wohl mit Ebola viel schlimmer sein, als ich bisher angenommen hatte. Oder habe ich die Ukraine-Krise unterschätzt? Mein Freund H. fragt auf Facebook, wo er sich eine Katastrophenbox leihen kann, und superviele wissen Bescheid. Ich male mir aus, dass ich der einzige Mensch bin, der im Fall der Explosion keine Box hat, und denke, das muss in etwa so sein, wie im Zweiten Weltkrieg keinen Keller gehabt zu haben. Ich starre, mittlerweile ernsthaft beklemmt, auf den Bildschirm. Ach so. Katzentransportbox. Ich mache den Rechner dann mal aus.

Sehe das Status-Update einer Bekannten auf Facebook «kein Strom, kein fließend Wasser, aber geil» und frage mich, wie sie das ohne Strom posten kann.

Ich möchte auf Facebook eine Nachricht von einem Kollegen, von der ich erwarte, dass sie unangenehm ist, nicht lesen. Ich gebe den Laptop meiner Frau und bitte sie, an meiner Stelle zu lesen. Sie liest. Dann fällt mir ein, dass man auf Facebook sehen kann, wenn der andere gelesen hat und denke: «Aber immerhin sieht er nicht, dass *ich* die gelesen habe.»

Ich sitze gespannt vorm PC, gleich beginnt der Vorverkauf für die AC/DC-Tournee. Schnell gebe ich bei Google «AD/AC Tickets» ein und wundere mich, dass als Erstes der Automobilclub angezeigt wird. Ich wusste gar nicht, dass die auch Konzertkarten anbieten.

Eine Bekannte von mir ist schwanger. Ich möchte mir auf Facebook anschauen, wie weit es mit der Schwangerschaft ist, sie postet nämlich regelmäßig Fotos. Doch plötzlich fällt mir der Name nicht ein. Also tippe ich in die Suchleiste: «schwanger».

Das Internet ist ausgefallen. Meine Frau macht sich Sorgen, dass alle, die uns jetzt Mails schreiben, Abwesenheitsnotizen bekommen.

Zu speziellen Anlässen gibt es bei Google sogenannte Doodles, bei denen das bekannte Google-Logo dem Anlass entsprechend umgestaltet ist. Ich klicke mich durch eine Galerie besonderer Google-Doodles und rufe meinem WG-Kumpel zu: «Schau mal, sogar Picasso hat ein Doodle für Google gemacht!»

Auf meinen ganzen Facebook-Spam von Afrikanern geschaut und gedacht: «Eigentlich traurig für die, dass die nie eine Antwort bekommen.»

Schafe auf Reservebatterie

Stromausfall, nicht weiter schlimm, dann glotzt man halt mal kein TV und erledigt stattdessen die liegengebliebene Bügelwäsche …

Ich sitze mit meiner Familie vor dem Fernseher, als plötzlich der Bildschirm schwarz wird. Mit unschlagbarer Sicherheit diagnostiziere ich einen Stromausfall im gesamten Haus, während hinter mir die Stehlampe leuchtet.

Vor Urlaubsantritt zwecks Stromersparnis die Sicherungen rausdrehen und vergessen, dass man auch den Kühlschrank und die Gefriertruhe am Netz hat …

Bei einem Stromausfall zu Hause habe ich mich gefragt, wie das überhaupt sein kann. Draußen fuhren ja Autos mit eingeschalteten Scheinwerfern herum.

Stromausfall – und man versucht, das Licht anzumachen, um im Flurschrank nach einer Taschenlampe zu suchen.

Stromausfall, die Kaffeemaschine funktioniert nicht. Aber hey! Ich könnte ja einfach das Wasser in der Mikrowelle erhitzen!

Ich musste während eines Stromausfalls fürchterlich dringend aufs Klo, legte einen riesigen Haufen und zog nicht ab. War ja kein Strom da.

Bei Stromausfall war mein erster Gedanke: «Nicht schlimm, ich hab ja einen Tauchsieder.» – «Häh, wie macht man mit einem Tauchsieder bitte Licht?!»

Plötzlich Stromausfall. Ich suche den Lichtschalter, habe aber – weil es dunkel ist – Angst, dabei in die Steckdose zu fassen.

Wir hatten gestern im Büro einen Totalausfall unserer Internet- und Telefonanlage, und als ich dann dort in die Küche ging und die Spülmaschine hörte, dachte ich kurz: «Warum funktioniert die Maschine, wenn wir kein WLAN haben …?»

Schafe am Telefon

Ich übernachtete in einer Jugendherberge im Mehrbettzimmer. Ich musste als Erster aufstehen und stellte den Handywecker. Am Morgen erwachte ich 15 Minuten vor der Weckzeit und ging ins Bad – mit dem Handy als Taschenlampe. Unter der Dusche kam mir dann der Gedanke: «Wenn der Wecker jetzt klingelt, wachen alle auf.» Hetzte also aus der Dusche und ging zu meinem Bett, um nachzuschauen, ob ich den Wecker ausgeschaltet habe – natürlich mit dem Handy als Taschenlampe.

Ich telefoniere mit meinem Freund und erzähle ihm episch lange Geschichten, denen er gebannt lauscht. Plötzlich klingelt das Telefon in meiner Hand, und ich sage: «Du, warte mal kurz, da klopft jemand an.» Dann schaue ich auf das Telefondisplay und sehe, dass mein Freund anruft, der schon seit 2 Minuten nicht mehr dran gewesen war.

Ich möchte mir eine Erinnerung in mein Handy einspeichern:

Ich tippe den Namen Fatma. Das Autocorrect meines Handys ändert dies in ‹Carla›. Verdutzt sitze ich da und überlege, wer Carla ist.

Es passiert mir immer wieder, dass ich am PC die Vokaltasten (a,o,u) lange gedrückt halte, um den Umlaut zu erzeugen. Leider ist mein PC kein Smartphone, aaaaaaaaargerlich!

Als ich hier die Umlaute-Story las, fiel mir ein: Ich drücke am Rechner regelmäßig zweimal die Leertaste, um einen Punkt einzufügen. Damit ich nicht umständlich die Satzzeichentastatur aufrufen muss.

Meine Tochter (27) gibt ihrem Opa ihr altes Festnetztelefon mit, damit er es entsorgt.
Ich höre Tage später ganz schlimme Geräusche von der Kreissäge in unserer Werkstatt und gehe nachschauen. Da liegt das Telefon in zwei Teile zersägt am Boden. Ich so: «Warum zersägst du denn das Telefon?»
Antwort: «Ja, da sind die Nummern drin gespeichert. Und falls das jemand aus dem Schrott angelt, sieht der doch die Nummern.»

Bin mit dem Fahrrad unterwegs und fahre an einer Teenagerin vorbei, die ein Handy am Ohr hat. Etwa zehn Meter weiter fahre ich an einer Frau vorbei, die ebenfalls telefoniert. Mein erster Gedanke: Auf die Distanz muss man aber echt nicht telefonieren!

Habe gestern das Smartphone meiner Tochter zur Reparatur gegeben und ihr danach eine WhatsApp-Nachricht geschickt, dass die Reparatur 14 Tage dauern kann.

Das Telefon mit der Ruffunktion suchen, und wenn es klingelt, denken: «Mist. Gerade jetzt, wo ich das Teil nicht finde, ruft wer an.»

Ich sitze Montagmorgen im Büro und habe einige Telefonate zu erledigen. Das ständige Wechseln zwischen Tastatur, Telefon und Rechenmaschine bekomme ich gar nicht richtig mit. Irgendwann frage ich meine Kollegin, ob die Leitung tot ist. Der Tipp von ihr: Ich solle doch mal versuchen, die Telefonnummer NICHT in die Rechenmaschine zu hacken, sondern ins Telefon.

Meine Frau verliert ihr Handy im Wald. Am nächsten Tag schicke ich ihr eine SMS, um ihr vorzuschlagen, dass wir uns um 17 Uhr am Handyladen treffen.

Ich bekomme einen Anruf auf meinem Handy. Nach einem kurzen Gespräch frage ich die Anruferin, ob sie meine Handynummer haben möchte.

Anruf bei Telefonanbieter, weil meine letzte Mobilrechnung höher war als sonst. Er: «Na ja, Sie verschicken ja schon mal MMS, die sind teuer.» Ich: «Ich verschicke nie MMS. Ich hab aus dem Urlaub nur SMS verschickt mit ein paar Fotos dran.»

Ich winke, wenn ich mich am Telefon verabschiede.

Ich komme mit meinem Freund nach Hause und höre den Anrufbeantworter mit einer Nachricht meiner Mutter ab. Als mein Freund hört, dass meine Mutter vorschlägt, am nächsten Wochenende zu Besuch zu kommen, verdreht er die Augen und sagt über die Stimme meiner Mutter hinweg: «Och nöö, nicht schon wieder», und ich schubse ihn und sage: «Ey, pscht!!», weil ich denke, dass sie uns hören kann.

Ich kann mir meine Handy-PIN schlecht merken. Und habe Angst, es nicht reaktivieren zu können, wenn es mal leer war oder ausgeschaltet. Also drucke ich einen Zettel mit der PIN aus und mache ein Foto vom ausgedruckten Zettel. Womit? Mit dem Handy.

Ich habe kein Handy. Wenn Leute mich zu Hause auf dem Festnetz anrufen, fragen sie regelmäßig: «Wo bist du gerade?»

Meine Mutter wollte wissen, wie mein neues Handy aussieht. Also nahm ich mein Handy, um ein Foto zu machen. Von meinem Handy.

Ich rufe meine Frau an, aber das Handy ist offenbar abgeschaltet. Nach einer Weile versuche ich es noch mal, da sehe ich, dass sie es zu Hause gelassen hat. Ich nehme es in die Hand und denke: «Wenn ich es jetzt auflade, kann ich sie endlich erreichen.»

Während eines Telefonats mit einer Freundin fragt sie mich: «Sag mal, hörst du mir überhaupt zu?» Meine Antwort: «Nein, sorry, ich telefoniere gerade!»

Ich sah mal ein Telefon mit übergroßen Tasten und dachte mir: «Oh, ein Telefon für Blinde.»

Ich aktiviere den Alarm auf meinem Handy, und als es morgens laut klingelt, stecke ich es unters Kopfkissen und denke dabei: «Mensch, kannste doch nicht machen, es kriegt ja keine Luft!»

Gestresst und mit vollen Einkaufstüten in der vollen Straßenbahn treffe ich zufällig eine Bekannte. Wir plaudern ein wenig. Ich erinnere mich, dass ich meinem Freund Bescheid sagen sollte, wenn ich in der Bahn bin, krame weiterhin plaudernd nach meinem Handy in meiner viel zu großen und viel zu vollgemüllten Tasche und finde es nicht, gerate in leichte Panik, bitte meine Bekannte, mich anzuklingeln ... kurz darauf klingelt es in meiner Tasche ... ich krame weiter, fördere es nach einer gefühlten Ewigkeit schließlich zutage – und gehe ran ... «Hallo?»

Nach dem Einkaufen in der Küche. Finde mein Handy nicht, rufe vom Festnetz aus meine Nummer an – fremde Frau geht ans Telefon, ich erkläre, dass ich mein Handy gern wiederhätte, auch gegen Finderlohn. Sie sagt mir, dass sie die Nummer schon seit einem halben Jahr hat, sie hätte sicherlich nicht mein

Handy geklaut. Als ich schließlich Anschrift und Name von ihr haben will, legt sie auf. Ich lasse meine SIM sperren und google «Anzeige nach Handydiebstahl». Und da, fein säuberlich neben meinem PC: mein Handy. «Lustig», denke ich, «doppelte Handynummer?» Lasse meine SIM wieder entsperren und sage gleich Bescheid, dass meine Handynummer zweimal vergeben wurde! Herr in der Leitung sehr verwundert, das wäre ihm in seiner ganzen Laufbahn noch nie untergekommen. Sollte mich bei erneutem Aufkommen unbedingt bei ihm melden. Ich meine, natürlich, kein Problem. Und dann komme ich auf die grandiose Idee, in meinem Festnetztelefon mal meine eingespeicherte Handynummer zu kontrollieren. Joah. Zahlendreher.

Handy in meiner hinteren Hosentasche. Es klingelt. Ich kann es nicht lokalisieren und drehe mich um mich selbst wie ein Hund, der seinem eigenen Schwanz nachjagt.

Eine anstrengende On-off-Beziehung. Er kommt mich besuchen, und zu meiner Überraschung kochen wir gemeinsam, statt nervige Diskussionen zu führen. Es ist entspannt und ruhig. Plötzlich schleiche ich mich aus der Küche und schaue aufs Handy.

Enttäuscht wundere ich mich, warum er – der in der Küche steht – mir nicht geschrieben hat.

Ich sitze mit meiner Freundin am See. Mein zukünftiger Ex hockt 250 km entfernt im elterlichen Garten. Mein Handy piept. Aha, er hat mir ein Bild geschickt. Viel Himmel und ein Stück Wasser. Dazu der Text: «Der Punkt in der Mitte soll eine Libelle sein.» Ich stutze, zoome wie blöd, und tatsächlich, da ist sie zu sehen. Formatfüllend! Ich sende ihm den gezoomten Bildausschnitt mit der Frage «Meinst du diese hier?». Zwei Minuten später seine Antwort: «Boah, wo hast du die her?»

Ich stehe heute mit meinem Auto an der roten Ampel – lange Rotphase. Neben mir eine Lichtsäule mit Werbung für das neueste So++-Smartphone und seinen kleinen Bruder. Ich schaue hin und denke: «Eigenartig – unterschiedlich groß … Aber sie zeigen die gleiche Zeit an.»

Heute ist mir mein Handy auf den Boden gefallen. Das Display ist zersplittert, funktioniert aber noch. Eben wollte ich einen Screenshot machen und dachte kurz: «Der sieht ja dann ganz schön doof aus mit den ganzen Splittern.»

Phnom Penh. Die dritte asiatische Großstadt innerhalb der letzten sieben Tage. Eine mit höherer Kriminalitätsrate. Hier soll ich aufpassen, sagt man mir. Ich packe meine Kamera in den Rucksack, ziehe diesen richtig auf, statt ihn lose über die Schulter zu hängen. Mein Smartphone hole ich nur dort heraus, wo nicht allzu viele Menschen in der Nähe sind. Doch dann überkommt mich die Panik. Ich fasse in die linke und rechte Hosentasche, kein Handy! Gerade als ich schauen will, ob ich es nicht etwa gedankenverloren in den Rucksack gesteckt habe, fällt mir auf: Ich halte es in der Hand.

Meine Frau telefoniert, ich sitze neben ihr. Ich sehe das Festnetztelefon, lege es zur Seite und frage mich: «Wie zum Teufel kann sie telefonieren, wenn ich das Telefon habe?» Bis mir einfällt, dass es ja tatsächlich Handys gibt.

Will gestern für meinen Sohn die Nummer seines Freundes raussuchen, damit sie sich für den Spielplatz verabreden können. Suche eine ganze Weile im Adressbuch meines Telefons unter dem Buchstaben S für «Spielplatz» und wundere mich, dass ich nichts finde.

Die Batterieanzeige der Zahnbürste blinkt, und ich denke: «Wer hat denn jetzt schon wieder angerufen?»

1999. Gespräch mit einer Freundin auf der Fahrt von Rheinland-Pfalz nach Sachsen: «Wenn wir angekommen sind, muss ich XY anrufen und sagen, dass wir da sind.» – «Funktionieren unsere Handys denn da überhaupt?»

Ein Kumpel war bei mir zu Besuch und ist seit etwa zehn Minuten weg, als ich merke, dass sein Handy noch in meiner Küche liegt. Geistesgegenwärtig rufe ich ihn an – doch dann klingelt auf einmal sein Handy. Ich gehe ran, denn es könnte ja mein Kumpel sein, der sich erkundigen will, ob sein Handy noch bei mir liegt.

Ich bin in einer Kneipe mit Leuten verabredet, die ich vorher noch nie getroffen habe. Es wird ein toller Abend. Wir verstehen uns blendend. Am Ende tauschen einige von uns ihre Telefonnummern aus. Ich nenne der ersten neuen Bekannten meine Nummer. Sie gibt diese in ihr Telefon ein. Direkt darauf klingelt mein Telefon. Ich schaue drauf, eine unbekannte Nummer. Und ich frage mich, wer zur Hölle mich gerade jetzt anruft.

Ich arbeite in einem Handyladen. Ein Kunde gibt sein Smartphone zur Reparatur ab. Die Frage nach einem Leihgerät beantwortet der Kunde mit: «Brauche ich nicht. Dann bin ich halt mal ein paar Stunden nicht erreichbar.» Ich nehme Kundendaten auf und frage schließlich, unter welcher Rufnummer ich Bescheid geben soll, wenn das Gerät fertig ist. Er legt los: «0171 …»

Geträumt, dass ich mein Handy suche, es klingelt im Traum wie in der Realität neben meinem Kopfkissen. Ich werde wach, drehe mich um und denke: «Oh, Mann, jetzt suche ich seit Stunden mein Telefon, und es liegt die ganze Zeit hinter mir …»

Schafe auf Autopilot

Heute Morgen stand ich vor einem Stoppschild und habe darauf gewartet, dass es endlich Grün wird.

Auf der A4. Ich sehe ein kaputtes Auto auf einem Abschleppwagen und denke mir: «Wie der andere es wohl geschafft hat, dieses Auto derart zuzurichten, ohne dass der Abschleppwagen auch nur einen einzigen Kratzer abbekommen hat?!»

Erst neulich habe ich im Auto die Nebelschlussleuchte angemacht und mir gedacht: «Mist, wieso sehe ich damit jetzt auch nicht besser?»

In meiner ersten Fahrstunde habe ich angefangen, das Lenkrad zu drehen, wenn ich die Kurve kommen gesehen habe, weil ich dachte, die Übersetzung von Lenkrad zu den Rädern würde eine Weile dauern. So wie beim Segeln (wenigstens war das meine Ausrede).

In einem Car2Go, das wir angemietet haben, liegt noch ein Schal. «Vor kurzem hatte jemand sein iPhone vergessen, der hat dann sofort auf seinem iPhone angerufen», sage ich. «Der hier ruft bestimmt auch bald an.»

Als ich letzte Woche unser Auto in die Werkstatt brachte, bekam ich für den Tag einen Ersatzwagen. Als ich vom Hof fuhr, dachte ich: «Na toll. Fremder Wagen ... wie finde ich denn jetzt den Weg nach Hause?»

Das Auto hat eine neue Tachoeinheit bekommen, alles steht wieder auf null. Nur die Kraftstoffanzeige scheint nicht zurückgesetzt worden zu sein, sie steht auf ¾.

Zu der Zeit, als ich kurz vor der Führerscheinprüfung stand, begab es sich, dass ich, mit einem Bekannten in ein Gespräch vertieft, auf eine Ampelkreuzung zulief. Die Ampel schaltete auf Rot, ich trat mit meinem rechten Fuß mittig vor mich auf den Boden und blieb stehen.

Ich fahre in einem DriveNow-Wagen und suche einen Parkplatz. Da sehe ich ein anderes Fahrzeug von DriveNow am Straßenrand stehen und denke: «Hey, ich könnte ja dieses Fahrzeug einfach kurz mieten und wegfahren, dann wäre der Parkplatz für meinen Wagen frei!»

Als der Parkautomat am Flughafen mir neulich das bezahlte Ticket wieder auswarf, habe ich «Danke» gesagt.

Neulich auf dem Weg zur Arbeit war es sehr neblig. Ich dachte kurz: «Na, Gott sei Dank, dann sieht der Chef nicht, dass ich zu spät komme!»

Ich frage die Verkäuferin im Automarkt, ob die Lenkradkralle wirklich funktioniert (ein Auto wurde uns gerade trotz Kralle geklaut). Darauf sagt sie: «Wenn sie nicht funktioniert, bringen Sie sie einfach zurück.»

Eine junge Frau macht Tai-Chi-Übungen. Draußen. Dabei ist es schon recht kühl für die Jahreszeit. Rotes Licht strahlt sie an; ich sinniere so auf dem Balkon und denke: «Wow, diese fließenden Bewegungen, echt toll.» Erst dann bemerke ich, dass sie ein rückwärts ausparkendes Auto aus der Einfahrt lotst. Zeit, ins Bett zu gehen.

Nachts auf dem Weg in den Urlaub, Stop and Go auf der Autobahn. Ich sitze auf dem Beifahrersitz und blättere in einem Buch: «Wie gut, dass wir nicht alleine im Stau stehen, so haben wir wenigstens Licht.»

Ich fuhr auf der Autobahn, es war sauheiß, ich hielt meinen Arm aus dem Fenster. Nach einer Weile war er rot, und ich dachte: «Mist, auf der Rückfahrt bekomme ich dann auch noch auf dem anderen Arm einen Sonnenbrand.»

Mein Mann und ich sind mit dem Auto unterwegs und werden von einer Polizeikontrolle angehalten. Der Polizist moniert, dass mein Mann nicht geblinkt hätte. Ich sage: «Und ich dachte schon, sie hätten uns gestoppt, weil er nicht angeschnallt war!»

Ich fuhr mit dem Taxi nach Hause, Berufsverkehr, die ganze Innenstadt war ein einziger Stau. «Ich steige jetzt aus und nehme einfach ein Taxi», dachte ich.

Die Mutter meines Freundes will ins Parkhaus fahren und fährt vor bis zur Schranke. Sie drückt auf den kleinen «Hilfe»-Knopf neben dem Parkscheinknopf. Eine Stimme meldet sich: «Ja bitte, was kann ich für Sie tun?» Die Mutter mit der größten Selbstverständlichkeit: «Guten Tag! Ich hätte gerne einen Parkschein!»

Meine Frau hatte unser Auto einem Freund geliehen. Er verspätete sich mit der Rückgabe, wir warteten unruhig, weil wir selber wegmussten. Schließlich brachte er den Wagen zurück. Wir stiegen ein, fuhren los, nach wenigen Minuten machte meine Frau eine Vollbremsung: «Er hat vergessen, uns den Autoschlüssel zurückzugeben!»

An der roten Ampel überlegt, wo ich blinken muss, wenn ich geradeaus fahren will.

Sitze im Auto, komme nach Hause und schaue noch im Auto sitzend auf den leeren Parkplatz, um dann zu sagen: «Hää, wo ist mein Auto?»

Berlin-Schöneberg, große Kreuzung Martin-Luther-/ Ecke Grunewaldstraße. Ich müsste einfach links abbiegen, entscheide mich jedoch für eine andere Route, damit auch die kleineren Straßen überleben.

Auf dem Rückweg von einem Wochenendausflug biete ich einem Freund an, dass ich ja auch einen Teil der Strecke fahren könne, wir uns also abwechseln.
Er fragt: «Kannst du denn fahren (im Sinne von: Hast du einen Führerschein?)?»
Ich war hingefahren.

Vor einiger Zeit fuhr ich mit meinem Freund in den Urlaub. Auf dem Weg aß ich einen Apfel im Wagen und wollte diesen durch das Autofenster entsorgen. Nach Möglichkeit nicht direkt auf die Straße. Es vergingen 15 Minuten bei offenem Fenster, wir fuhren durch dichtesten Wald, bis mein Freund mich fragte, worauf ich denn mit den Apfelresten warte. «Ich warte auf einen Busch, in den ich die Reste werfen kann, aber hier sind nur Bäume.»

Mein Auto ist in der Werkstatt, ich fahre einen anderen Wagen. Der Blinker tickt deutlich schneller als bei meinem Auto. Ich denke mir, hoffentlich haben die Reifen genügend Haftung, wenn ich jetzt jede Kurve mit höherer Geschwindigkeit nehmen muss.

Ich fuhr auf der Autobahn und sah eine Wildwechselwarnung. Ich fragte mich, ob es nicht sinnvoller sei, das Wild vor den Autos zu warnen.

Ich konnte die Speisekarte im Drive-Through nicht lesen. Also habe ich das Autoradio leiser gedreht.

Ich fahre auf einer Landstraße inmitten eines Waldes. Es regnet in Strömen, der Wind peitscht, meine

Scheibenwischer rudern verzweifelt. Die Dämmerung kommt, und ich kann die Ränder der Straße kaum mehr sehen [Achtung, Wildtiere!].

Ich denke bei mir: «Ach, wird schon nix passieren, bei so schlechtem Wetter sind die Rehe bestimmt auch nicht draußen.»

Ich erzählte einer Freundin, dass ich überlege, mir einen Jahreswagen zu kaufen. Sie: «Aber es ist doch doof, das Auto nur ein Jahr fahren zu können.»

Im Auto läuft seit Wochen dieselbe CD. Ein Störgeräusch von der Straße (Baulärm) mischt sich in den Gesang und lässt es für den Bruchteil einer Sekunde so klingen, als wäre die Sängerin heiser. Ich denk mir: Nanu? Das war ja noch nie. Aber andererseits ist es ja auch kein Wunder, dass sie jetzt so klingt – so oft, wie die CD schon lief.

Die Motorradtour startet am frühen Vormittag. Der Bikertreff, unser erstes Ziel, ist oben auf dem Berg, der Gipfel noch in einer Wolke verhüllt, dichter Nebel. Während wir einen Kaffee trinken, hängt mein Helm am Motorradlenker und wird so kalt, dass das beschlagene Visier auch nach einigen Kilometern Weiterfahrt nicht wieder frei wird. Also fahre ich rechts ran, Visier reinigen. Ich setze den Helm auf und denke: «Boah, gut, dass ich angehalten habe, das Visier ist aber mal richtig sauber geworden!» Ich hatte es noch nicht wieder heruntergeklappt.

Ich saß vor vielen Jahren mit meinem damaligen Freund und seinen Eltern am Esstisch. Auf einmal durchfuhr es mich wie ein Blitz: Ich habe vergessen, mich anzuschnallen!

Stehe gestern im abendlichen Berufsverkehr dank Bahnstreik auf der Leipziger Straße im absoluten Megastau und sage zu meiner Tochter: «Ach, wären wir doch mit der S-Bahn gefahren …»

Meine Schwester und ich stehen bei Dunkelheit mit dem Auto an einer Ampel. Wir wollen links abbiegen. Meine Schwester sitzt am Steuer, ich auf dem Beifahrersitz. Im Rückspiegel beobachte ich meiner Meinung nach unser Blinksignal. Ich: «Das Blinken des Blinkers stimmt nicht mit dem Geräusch des Blinkers überein.» Meine Schwester erwidert: «Kann es auch nicht, weil du das Blinken des hinter uns stehenden Autos siehst.» Verwundert schaue ich weiter in den Rückspiegel und frage: «Warum kann ich eigentlich nicht sehen, wie unser Blinklicht blinkt?» Die Ampel schaltet auf Grün, und meine Schwester biegt links ab.

«Nach der Havarie eines Frachtschiffes ist der Mittellandkanal gesperrt.»
Mein erster Gedanke: «Dann müssen die Schiffe wohl eine Umleitung fahren!»

Lange Kolonnenfahrt aus dem Urlaub mit mehreren Autos. Kurz vor der Heimat Verabschiedung mit viel Hupen, Winken und Warnblinkern. Der erste fährt von der Autobahn ab, und ich bewundere kurz, wie er das jetzt gemacht hat, dass nur die rechten Lampen blinken.

Ich wollte meine Schwiegereltern vom Flughafen Tegel abholen. Dort angekommen, merke ich, dass ich auf meinem Motorrad sitze.

Ich muss leider meinen Führerschein abgeben, und als ich den Brief so lese, denke ich mir: «Alles nicht so schlimm, fahr ich eben mit dem Motorroller.»

Ich helfe meiner Tochter in ihrer Wohnung beim Aufräumen und werfe Zeitschriften ins Altpapier. Ich halte die ADAC-Zeitschrift hoch und frage: «Liest du die noch?» Meine Tochter: «Die lese ich nie.» Ich: «Warum bist du denn überhaupt noch in dem Verein, wenn du die Zeitschrift nicht liest?»

Die ganze Familie hat sich auf den Weg zum Autohaus gemacht, um einen neuen Wagen auszusuchen. Meine Mutter sitzt auf dem Fahrersitz, der Verkäufer auf dem Beifahrersitz und erklärt die verschiedenen Schalter, Knöpfe etc. Zur Klimaanlage sagt er: «Sie können bis auf 18 Grad herunterkühlen.» Meine Mutter fragt: «Minus?»

Meine Nichte ist zu Besuch in Berlin und benutzt eine Woche lang öffentliche Verkehrsmittel. Am letzten Tag sitzt sie bei mir im Auto auf dem Beifahrersitz. Als wir an einer Bushaltestelle vorbeifahren, fragt sie: «Mensch, da stehen doch Leute, warum hältst du denn nicht?»

Ich fahre sehr früh durch den Morgennebel, durch Wälder und Windparks mit dem Auto zur Arbeit. Am Straßenrand steht ein Tempolimitschild: 70. Ich gucke auf irgendeine Anzeige im Auto, es ist die Uhr, sie zeigt 6:38. «Alles klar», denke ich, «da bin ich ja noch deutlich drunter.»

Ich fahre zum ersten Mal mit Navi Auto. Die weibliche Stimme des Navigationssystems gibt mir Anweisungen, und ich führe diese aus. Sie sagt: «Fahren Sie geradeaus, dann rechts halten.» Ich fahre geradeaus, dann fahre ich rechts ran – und halte.

Nachdem ich meinen Kumpel abgesetzt hatte, war es plötzlich so ruhig im Auto, dass ich anfing, laut vor mich hin zu trällern. Um jedoch völlig konzentriert einzuparken, dachte ich wenig später, es wäre eventuell sinnvoll, das ohne Musik zu machen, und habe das Radio leiser gedreht.

Schafe aktiv und passiv

Die Unterscheidung zwischen Sport und Fernsehen ist heute eine fließende. Ich etwa habe mir nicht unbedeutende Verdienste während der WM 2014 in Brasilien erworben, als ich Thomas Müller vor dem Bildschirm stehend zurief: «Nun schieß doch, du Gurke!» Dergestalt inspiriert, netzte er ein zum 1:0 gegen die Heimmannschaft. Der gesunde Geist wohnt in einem gesunden Körper, das wissen wir spätestens seit Lukas Podolski, und so sollte das Sekundenschaf im Sport eigentlich nichts verloren haben. Aber nicht nur der Fallrückzieher gehört zum Fußball, sondern auch das Eigentor, und wo der Mensch nun also rudert, pritscht, skatet oder wirft, da denkt er auch mal gern im Kreis. Wo ich gerade Ihre Aufmerksamkeit habe: Es heißt doch, dass der Mensch nach dem Essen ruhen soll oder 1000 Schritte gehen. Was soll er also nicht nach dem Essen machen?

Sportschafe

Formel-1-Rennen im Fernsehen, dann Werbepause. Ich frage meinen Sohn: «Und was machen die Rennfahrer jetzt?»
Mein Sohn: «Mama, die fahren alle rechts ran, machen Pause und fahren dann nach der Werbeunterbrechung weiter.» – «Ah, okay, danke.»

Meine Mitbewohnerin erzählt mir, dass sie übers Wochenende in Düsseldorf beim Auswärtsspiel von St. Pauli ist. Ich frage darauf interessiert: «Gegen wen spielen die denn?»

Kanalsprint in Potsdam: Der Stadtkanal wird mit Wasser gefüllt, und die Kanuten sprinten in ihren Kanus sitzend (natürlich). Mein Sohn sagt: «Die müssen aber unglaublich schnell rennen, damit sie das Ziel erreichen, bevor das einlaufende Wasser sie erreicht.»

Wohl wissend, dass Dortmund gerade ein Champions-League-Spiel in Dortmund absolviert, steige ich in einen Flieger. Während ich schon sitze, steigt ein junger Mann ein, der Mats Hummels zum Verwechseln ähnlich sieht. «Nee», denke ich. «Das kann nicht Mats Hummels sein, der fliegt nicht Economy.»

Ich will im Sportcenter einen Badmintonplatz buchen. Die nette Dame am Counter fragt: «Einzel?» – «Nee», antworte ich, «wir sind zu zweit.»

«Heute war Halbmarathon?», ruft mein Freund. Er ärgert sich sehr, dass er das verpasst hat. Aufmunternd frage ich: «Wann ist denn der zweite Teil?»

Ich schaue eine Tauch-Doku und frage mich, ob man wohl schwimmen können muss, um Taucher zu werden.

Letztens beim Joggen auf der Aschenbahn ums Fußballfeld, auf dem gerade zwei Amateurmannschaften spielten: «Krass, die haben echt 'ne gute Mannschaft hier vor Ort. Die haben die Gäste doch tatsächlich 18:0 abgezockt.» Eine Runde später hatten die Gäste aufgeholt. Als ich die Aschenbahn nach 20 Minuten verließ, hatte der Gastgeber die Führung tatsächlich noch verloren! Ah, okay, es war 20 nach 6. Ich hatte auf eine große Digitaluhr über der Toranzeige geschaut.

Gestern beim DFB-Pokal habe ich mich gefragt, ob denn so ein zweitklassiger Verein wie Darmstadt die ganzen komplizierten Regeln kennt, die gegen hochklassige Vereine wie Schalke gelten. Zum Beispiel: Abseits.

Ich laufe am Sonntag den Berlin-Marathon.» – «Wie lang ist der denn?» – «Na, 42 Kilometer.» – «Lustig, mein Cousin ist mal den in Hamburg gelaufen, der war, glaube ich, auch 42 Kilometer lang.»

Lese die Überschrift, dass Chelsea-Besitzer Abramowitsch Mallorca kauft und denke: «Wow, kann der dann mit der ganzen Insel machen, was er will?» Er kauft Real Mallorca, den Club.

Länderspiel Deutschland gegen Armenien, der Reporter sagt: «Jetzt kommt die armenische Hymne, ‹Vaterland› heißt sie», und ich denke: «Krass, dass die einen deutschen Titel für ihre Hymne haben.»

Ich höre neben einer Küchenbeschäftigung nur mit halbem Ohr aufs Radio. Es wird was über ein Fußballspiel berichtet, und ich meine zu hören: «… Pflichtverteidiger Marcell Jansen …» Ich denke: «Ach so, Pflichtverteidiger, gibt's das beim Fußball auch?»

Beim ersten Freundschaftsspiel nach der WM (wieder gegen Argentinien) lief Christoph Kramer auf, der im WM-Finale eine Gehirnerschütterung erlitten hatte und sich nicht mehr an das Spiel erinnern kann. Ich wunderte mich, dass ich ihn trotzdem problemlos wiedererkannte.

Direkt nach der WM spielte Deutschland wieder gegen Argentinien. Ich war überzeugt, dass das jetzt ein EM-Qualifikationsspiel ist.

Am Tag des WM-Halbfinales 2014 blitzte und donnerte es in Berlin, und ich dachte: «Ob die bei solchen Bedingungen das Halbfinale überhaupt spielen werden können?» In Brasilien.

Es ist WM in Brasilien, ich sitze vor dem Fernseher. Ein Spiel mit Verlängerung geht gerade zu Ende, das nächste startet in 15 Minuten. Ich frage meine Freundin: «Wie kriegen die eigentlich die Menschen so schnell aus dem Stadion, bevor das nächste Spiel losgeht?»

Nach dem Halbfinale gegen Brasilien fragt meine Freundin: «Und jetzt kommt das Viertelfinale?»

Ich denke oft bei den Interviews fremdländischer, zum Beispiel englischer Fußballspieler: «Er wirkt so schlicht. Aber krass, dass er so gut Englisch spricht».

«Mario Gomez ist Torschießer, oder?» – «Nein, Torkönig heißt das.» – «Stürmer. Stürmer!»

Ich drehe ein paar Runden im Park, sehe die ganzen Jogger, Radfahrer und Inlineskater und denke: «Es müsste doch eine Möglichkeit geben, mit Sport Geld zu verdienen.»

Gerade hab ich beim Blick in die algerische Fankurve überlegt: Kein Wunder, dass die bisher ganz gut waren, die haben ja auch viel Auswahl für ihre Nationalmannschaft, wenn da nur Männer leben.

Spanien spielt bei der WM gegen Chile, und ich frage mich, warum der Kommentator jedes Mal so abgeht, wenn der chilenische Torwart einen Ball hält. Ach so. Der HEISST Bravo.

Ich gehe an einem Sportplatz vorbei, auf dem gerade ein Fußballspiel stattfindet. Plötzlich fällt ein Tor, aber ich habe es nur aus dem Augenwinkel heraus gesehen. Macht nichts, denke ich, kommt ja gleich die Zeitlupenwiederholung.

TV-Schafe

Dortmund gegen Juve. Fußball gucke ich gern, Abseits kenne ich auch. Der Kommentator spricht davon, dass Juventus auf das dritte Tor zusteuert, und ich überlege kurz, wo das wohl stehen soll.

Mutter, Schwester und ich schauen TV. Es läuft Werbung für Katzenstreu. Meine Schwester: «Das muss man ja in der ganzen Wohnung verstreuen. Woher soll man denn vorher wissen, wo genau die Katze ihr ‹Geschäft› verrichtet?»

Ich sitze vor dem Fernseher, in der ARD kommt Jauch und eine Einblendung, dass das wegen Stromausfalls in Teilen von Berlin keine Live-Sendung sei. Da muss ich mal schauen, ob der Strom bei mir auch ausgefallen ist.

«Ich habe gestern supergute englische Pantomimen im Fernsehen gesehen.» – «Ich schaue nie Fernsehen, bei ausländischen Sachen nervt mich die Synchronisation so.»

Mein Freund und ich sehen eine Fernsehdokumentation über die Feuerwehr. Notfall – die Feuerwehrleute rutschen die Stange runter zu ihren Wagen. Mein Freund schaut ganz besorgt und sagt: «Müssen die nach dem Einsatz die Stange eigentlich auch wieder rauf?»

Gestern haben wir seit langem mal wieder eine DVD geschaut. Als der Film vorbei ist, drücke ich die Teletext-Taste, um nachzuschauen, was als Nächstes kommt.

Ich schaue mit meiner Frau einen Krimi, der Sarg mit dem Mordopfer wird senkrecht im Aufzug transportiert. Meine Frau sagt: «Das würden die nie machen, den Sarg im Aufzug transportieren, da gibt es doch die Treppe für», worauf ich entgegne: «Und wenn die kaputt ist?»

Da gibt es doch, das fällt mir als Klavierlehrerin sofort ins Auge, eine neue Castingshow, die heißt: Die Taste. Was bewertet die Jury da wohl? Anschlagtechnik? Virtuosität? Zumindest habe ich das auf den schnellen Blick in die Fernsehzeitung so gelesen. In Wirklichkeit handelt es sich um die Sendung ‹The taste› – diese neue Kochcastingshow.

Ich sehe eine Dokumentation über Australien. Gerade ist ein Schafscherer zu sehen. Im Hintergrund laufen einige Hühner rum, und ich sage zu meinem Mann: «Ist es nicht arg umständlich, Hühnern die Haare zu scheren?»

Vor ein paar Tagen fing ich an, die Serie «Fringe» noch mal anzusehen. Beim Gedanken an die LSD-Folge, die sich in Olivias Erinnerungen abspielt, frage ich mich, wie es sich für die Schauspieler wohl angefühlt haben mag, Zeichentrickfiguren zu sein.

Gestern bei der ersten Folge «Pastewka» auf Net-flix: Seit jeher stolz auf mein enzyklopädisches Wissen bezüglich unwichtiger Infos wie zum Beispiel Schauspie-ler, habe ich selbstverständlich nicht nachgeschaut, wie der Hauptdarsteller dieser Serie heißt. Nach einigen Minuten Überlegen fiel es mir aber wieder ein: Markus Maria Profittlich!

Ich sehe eine Vorschau für einen Film, in dem ein deutscher Serienschauspieler mitspielt. Ich denke mir: «Der hat auch in allen Filmen die gleiche Synchronstimme.»

Im Fernsehen läuft ein Spiel von Borussia Dortmund. Dortmunds Trikots sind von Puma. Ich frage mich, was Puma noch mal für ein Tier im Logo hat.

Ich habe vorhin Eastwoods «Play Misty For Me» geguckt – in der englischen Originalversion. Später las ich, dass Helga Anders die weibliche Hauptfigur synchronisiert hat. «Komisch», dachte ich, «habe die Stimme gar nicht erkannt.»

Fernsehabend mit Freundinnen. Wir schauen «Madagascar 2». Meine Freundin fragt mitten im Film: «Auf welcher Insel waren die noch mal im ersten Teil?»

Neulich kam die Community-Folge im Fernsehen, in der die Hauptdarsteller durch Puppen ersetzt wurden und die meiste Zeit gesungen haben. Ich habe die Folge in der deutschen Synchronisation gesehen und mir gedacht, dass die Hauptdarsteller aber wirklich gut singen können. Bis mir aufgefallen ist, dass auch die Lieder auf Deutsch gesungen wurden.

Ich sehe in den Nachrichten einen Kurzbericht über ein Fährunglück. Der Sprecher sagt, es hätten sich blinde Passagiere an Bord befunden. Ich denke: «Gott, wie furchtbar, da bist du auf einem brennenden Schiff gefangen. Und dann auch noch blind.»

Wir sehen «Crazy Stupid Love» im Fernsehen. Im Kopf übersetze ich die Dialoge zurück ins Englische. Julianne Moore sagt: «Das ist meine Babysitterin», und ich stocke: «Was heißt noch mal ‹Babysitter› auf Englisch?»

Ich schaue mir mit meinem Freund im Fernsehen «Eyes Wide Shut» an. Während der ersten Minuten klicke ich am Bildformat herum und komme versehentlich auf den Knopf mit Zweikanalton, der Blindenton überträgt – also die gesprochene Beschreibung dessen, was zu sehen ist und passiert. Ich bin total fasziniert, dass Kubrick plötzlich, als die Handlung mystischer wird, einen Off-Sprecher eingesetzt hat, um die Szenen zu doppeln. Natürlich lasse ich die studierte Cineastin raushängen und erkläre meinem Freund lang und breit, was das für ein toller Kunstgriff ist, und interpretiere mir daran einen Wolf. Erst als ich den Film zum zweiten Mal sehe, ein Jahr später, fällt mir auf, dass es keinen Off-Ton gibt. Für meinen inzwischen Exfreund ist «Eyes Wide Shut» immer noch der Film mit dem artifiziellen Off-Sprecher.

Ich sehe «Adventureland», einen Film mit der Hauptdarstellerin aus «Bridesmaids», der in den 8oern spielt. Und für einen Moment frage ich mich, warum die damals schon genauso alt aussah wie heute.

Ich sitze in «Noah» und frage mich, wie der in der Arche eigentlich Fische gerettet hat

Unterhaltung über das Fernsehprogramm des vorherigen Abends: «Habt ihr gestern ‹Dschungelcamp› geguckt? Das war total eklig. Da musste einer Kängurueier essen.» – «Hä? Aber Kängurus legen doch gar keine Eier …»

Ich schaue mit einer Freundin «Berlin Tag und Nacht» und frage nach etwa 15 Minuten: «In welcher Stadt spielt die Serie eigentlich?»

Neunziger Jahre, ich war damals ein Riesenfan der Serie «Buffy – Im Bann der Dämonen». Buffys Lover, den Vampir Angel, fand ich nicht so toll und auch den Spin-off «Angel» nicht. Also ärgerte ich mich über das dicke Buch, das ich sah: Die Angel-Enzyklopädie. Bis ich kapierte, dass es in dem Buch darum geht, Fische zu fangen.

Mitten in der 2. Staffel «Hannibal» denke ich: «Voll auffällig, dass der Hannibal Lecter heißt, dann weiß ja jeder, dass er der Kannibale ist.»

Im Fernsehen läuft eine Reportage über Lateinamerika, der Sprecher stellt einen Bauern namentlich vor: Werner B. «Wie kommt der Mann an den Namen?», frage ich mich. Dann wird der Name erneut genannt. Der gute Mann heißt Bernabé.

Gemeinsam mit meiner Schwester schaue ich im WDR die Neuauflage von Jürgen von der Lippes Show «Geld oder Liebe». Von der Lippe zählt die Summen auf, die die Kandidaten erspielt haben, alles so um die 2000 Euro. Meine Schwester darauf: «Das entspricht aber nicht dem Original, früher war das immer mit D-Mark.»

Es ist schon Jahre her: Live-Übertragung eines Fuß-
ball-Europapokal-Spiels, mit mehreren Kollegen
geschaut. Die Kamera schwenkt über die Haupttri-
büne, und der Kommentator sagt: «Und hier sehen
Sie den Oberbürgermeister Frankfurts.» Und ich
frage entsetzt in die Runde: «Du meine Fresse, wie
kann man bloß Frank Furz heißen?»

Beim Japaner liefen erst Animes und dann Fußball und
ich dachte: «Lustig, dass die das im japanischen Fernsehen auch auf Deutsch senden.»

Ich sitze vor dem Fernseher und schaue die Nachrichten. Es wird über ein Thema berichtet, zu dem
ich gerne mehr Hintergrundwissen hätte. «Das
google ich mal eben», denke ich und greife zur Fernbedienung.

Ich schaue die Feierlichkeiten zu 25 Jahren Mauerfall.
«Wer ist das eigentlich hinter Wowi? Seine Frau?»

Sehe auf Youtube in der Vorschau «Interview mit
Vicco von Bülow zum 9. November von 1988» und
freue mich, weil mich interessiert, was der wohl über
den Mauerfall dachte.

Eines Abends blieb ich beim Zappen auf N24 hängen, wo gerade eine amerikanische Doku über 9/11 lief (was auch sonst). Es war eine Mauer im Bild zu sehen, in der «September, 11, 2001» eingraviert war. Ich wunderte mich ziemlich lange darüber, wieso sie das denn auf Deutsch dorthin geschrieben hatten.

Meine Frau und ich schauen «Babys», eine Dokumentation, die Babys in den USA, Japan, der Mongolei und Namibia über einige Monate hinweg begleitet. Dabei räumen wir die Wohnung auf. Das mongolische Baby hat einen älteren Bruder, der es in einer Szene mit einem Schal haut, bis es weint. Ich wundere mich, dass der Kameramann nicht eingreift. Meine Frau sagt, ich hätte etwas sehr Lustiges verpasst, und spult zu dem namibischen Baby zurück, das im Sitzen einschläft. Danach wieder der Bruder, der das Baby haut, und ich rufe empört: «Der haut schon wieder das Baby!»

Vorm Fernseher. Ich schaue einen amerikanischen Film und wundere mich, wieso auf dem Dach neben der Leuchtreklame «eins plus» steht.

In einem der Trickfilme meiner Tochter findet ein Eichhörnchen am Eingang zu seiner Baumhöhle ein Ei. Es ist nicht erfreut, wirft das Ei vom Baum – und ich überlege, wie denn das Ei aussehen müsste, damit das Eichhörnchen es als sein eigenes akzeptiert.

Betrunken Fernsehen geschaut und fünf Minuten lang gewundert, dass auf der Welt immer derselbe Quatsch geschieht. Dann erst bemerkt, dass «Tagesschau – Vor 20 Jahren» läuft.

Auf dem Beistelltischchen steht eine Tasse Tee neben dem Laptop, auf dem eine Krimiserie läuft. Während einer wilden Verfolgungsszene mit Schießerei und allem, was dazugehört, denke ich: «Nicht so wild, Jungs, sonst kippt der Tee noch auf die Tastatur.»

Am Silvesterabend betrete ich das Wohnzimmer, wo gerade «Dinner for One» im Fernsehen läuft. Ich freue mich und denke: «Zum Glück hab ich noch nicht so viel verpasst. Es sitzt ja erst eine Person am Tisch.»

Ich verfolge die Neujahrsansprache von Angela Merkel kurz nach 20 Uhr im Fernsehen, als draußen vor meinem Haus erste Raketen hochgehen. Mich wun-

dert, dass Merkel bei dem lauten Knallen nicht einmal zusammenzuckt.

Sitze daheim auf der Couch und schaue Fußball; die
Mannschaft, deren Fan ich bin, liegt mit 0:1 hinten. Ich
putze mir die Nase, schmeiße das Taschentuch in den
etwa drei Meter entfernten Korb – und treffe! Ich wundere mich, warum die Ergebnisanzeige nicht auf 1:1
umspringt.

Don Draper, die Hauptfigur aus «Mad Men», heißt
eigentlich Dick Whitman. Die daraus resultierende
Identitätsfrage ist sozusagen das Basiselement von
«Mad Men», der Motor. Ich schaue also mit mei-
ner Frau eine Folge der siebten (!) Staffel, eine junge
Schwangere taucht auf, meine Frau kann sie nicht
einordnen, und ich sage: «Sie kennt ihn noch als
Dick.» Worauf sie fragt: «Der war mal dick?»

Schafe in allen Größen

Als Kind dachte ich, man würde durch Basketballspielen groß werden. Als Vater bin ich bald wieder so weit. Die Experten haben recht: Kinderkriegen macht doof. Ein erwachsenes Gehirn kann höchstens 50-mal die Geschichte von dem kleinen Maulwurf, der versucht herauszufinden, wer ihm auf den Kopf gemacht hat, lesen, danach erleidet es bleibende Schäden. Das Doofwerden hat auch mit Schlafmangel zu tun, na klar, aber vor allem sind Kinder wahnsinnig irritierend. Bekanntermaßen benehmen sie sich wie Betrunkene, auch morgens, auch auf der Straße, auch im Restaurant. Irritierender als Kinder sind eigentlich nur Tiere. Bei Tieren weiß man nie, wen man da gerade vor sich hat. Angeblich sind sie (siehe oben) mit uns verwandt, aber keiner meiner Verwandten hat mehr als zwei Beine, und die wenigsten von ihnen riechen an meinem Po, wenn sie mich begrüßen wollen.

Schafe und Kinder

Unser Sohn hat rote Haare. Ich fuhr ihn im Kinderwagen herum, meine Frau lief neben mir. Ich schaute ihm auf den Hinterkopf und fragte sie: «Kann man wegen der Haare wohl noch was machen?» Einen Moment lang dachte ich, es müsste da doch Medikamente geben. Meine Frau hat ihn dann geschoben und mich stehenlassen.

Mein kleiner Sohn ist in meine Schuhe geschlüpft und darin unbeholfen rumgestapft. Ich denke: «Cool, dann können wir ja mal tauschen.»

Ich hole mein Kind von der Kita ab und gehe mit ihm nach Hause. Auf der anderen Straßenseite sehe ich meine Frau und rufe laut: «Hallo, Mama!»

Ich fahre allein in meinem Auto, nachdem ich mein Kind abgesetzt habe, und merke erst nach fünf Minuten, dass ich immer noch «Ernie und Bert» höre.

Eine Freundin erzählte, dass ihre Tochter das erste Baby entbunden hat. Und ich fragte: «Bist du Oma oder Opa geworden?»

Ich sitze im Elterngespräch mit der Erzieherin meines Sohnes. Sie erzählt, dass er ziemlich viel Aufmerksamkeit braucht und nicht gerne teilt. Ich versuche sein Verhalten zu erklären: «Na ja, er ist halt Einzelkind, und dann auch noch das erste Kind!»

Ich sitze mit meinem kleinen Sohn auf dem Boden, wir spielen mit Play-Doh-Knete, die meine Frau gerade gekauft hat. Viele verschiedene Farben, Gelb, Rot, Lila, Braun und so weiter, ich fange an, darüber nachzugrübeln, dass es doch ideal wäre, wenn wir eine Farbe immer wieder in dasselbe Döschen packen würden, damit nicht nach und nach alles zu einem Mischmasch wird. Aber wie könnte man dafür sorgen, dass es immer dieselbe ist? Ich rufe meine Frau und frage, ob sie einen Stift hat, mit dem man Plastikdosen beschriften kann. – «Warum?» – «Um auf die Play-Doh-Dosen die jeweilige Farbe zu schreiben.» Sie schaut mich eine Weile an, schaut dann zu den Dosen, deren Deckel gelb, rot, lila, braun und so weiter sind, lenkt meinen Blick auf die Deckel und lässt mich dann zurück.

Nach Größen- und Gewichtstabellen gegoogelt. Ein Suchergebnis: Swissmom.ch. «Ach nee, Schweizer haben ja bestimmt ganz andere Durchschnittswerte.»

Ich bin Lehramtsstudentin und plane den Musikunterricht für eine 1. Klasse. Ich erstelle schöne Arbeitsblätter, jede PowerPoint-Präsentation ist Dreck dagegen. Dann werfe ich alles weg. Mir ist eingefallen, dass die Kinder ja noch gar nicht lesen können.

Ich erzähle dem Erzieher in der Kita, dass unsere Tochter einige Tage Fieber hatte, ansonsten aber keine Symptome. «Ja, das kennen wir», sagt er. «Das hatten hier zuletzt ganz viele. Ist nicht ansteckend.»

Nach dem gefühlten 20. Frühdienst sitze ich sehr müde mit beiden Kindern am Küchentisch, während sie mit Tusche malen. Ich denke noch: «Pass auf, dass du nicht nach dem Tuschwasser greifst, um daraus zu trinken.» Und hebe das Glas zum Mund.

Susi liegt mit ihrer fünfjährigen Stieftochter im Bett, beide sprechen darüber, welchen Namen sie bekommen hätten, wären sie Jungen geworden. Susis Name wäre Mario, der ihrer Stieftochter Erik. Susi wendet sich zu ihr. «Aber warum haben sie dich denn nicht Erik genannt?»

Ich bin Lehrerin und momentan mit meinem vier Monate alten Sohn zu Hause. Als stillende Mutter hat man wenig Schlaf, und so stand ich eines Morgens todmüde in der Küche und aß ein Käsebrot. Gedankenverloren starrte ich auf die Käsepackung – eine Hausmarke von Aldi mit dem schmissigen Namen ROI DE TREFLE. Das dazugehörige Bild machte mir klar, dass es sich dabei um die Spielkarte KREUZ KÖNIG handelt. «Siehste mal», dachte ich, «so 'ne schlechte Lehrerin bist du. Weißt nicht mal, was Kreuz König heißt.» Sofort schmiedete ich Pläne für einen Auslandsaufenthalt, um mein offensichtlich eingerostetes Vokabular aufzufrischen. Doch gleich darauf war ich wieder happy, denn mir war eingefallen: Ich bin ja gar keine Französischlehrerin, sondern Englischlehrerin.

Ich zeige meinem kleinen Sohn, wie sich die Waschtrommel in der Waschmaschine dreht, indem ich sie mit der Hand bewege. Ich könnte das ja noch realistischer machen, indem ich die Waschmaschinentür schließe und die Trommel dann weiter mit der Hand … Ach nein.

Mein Sohn hat in seiner Klausur eine Drei geschrieben. Ich unterschreibe: 3.

Ich habe meinen Sohn auf dem Schoß und trinke Kaffee. Er möchte auch Kaffee trinken, meine Frau sagt, dafür sei er noch zu klein, und hält ihm stattdessen ein Glas Wasser hin. Er will kein Wasser. Sie geht zum Kühlschrank und fragt: «Oder willst du einen Schuss Traubensaft dazuhaben?» Ich frage, warum ich im Kaffee Traubensaft drinhaben wollen sollte.

Kann ich schwanger baden? Würde dann nicht das Baby ertrinken?»

Mein anderthalbjähriges Kind macht formvollendet die Yogaposition «Happy Baby», und ich denke: «Wo hat es das denn gelernt?»

Ich will eine Freundin besuchen, deren Tochter ein halbes Jahr alt ist. Der Kleinen würde ich gern etwas schenken und frage also die Freundin, was denn ein nettes Geschenk wäre. Ihr fällt nichts ein, also sage ich: «Na, dann frag doch sie!»

Ich liege mit meinem Kind im Kinderzimmer, singe es in den Schlaf und schaue auf die Uhr an der Wand: 12:30. Ich habe so viele Dinge zu erledigen, während es schläft, dass ich all das kaum bis 14:30, wenn der Kleine wieder aufwachen wird, schaffen kann. Ich komme auf einen genialen Plan: Wenn ich die Uhr jetzt einfach eine Stunde zurückstelle, schläft er vielleicht länger.

Meine Frau trägt unseren kleinen Sohn auf dem Arm. Er hat eine ziemliche Rotznase. Ich hole ein Taschentuch. Und reibe damit meiner Frau an der Nase herum.

Als mein Kind noch ein ganz frisches Baby war, hatte ich wahnsinnige Angst vorm plötzlichen Kindstod. Ich bin also jede Nacht ins Kinderzimmer geschlichen, um mich zu vergewissern, dass alles in Ordnung ist. Einmal war ich besonders besorgt, ich hatte einen Albtraum gehabt und stolperte in sein Zimmer. Ich hörte es atmen und dachte: «Okay, es atmet, aber ich muss noch etwas näher dran, um zu schauen, ob es noch lebt.»

Ich war mit meinem kleinen Sohn und meiner Frau am Strand. Von Zeit zu Zeit fand er einen verlassenen Haufen Spielzeug – Schaufeln, Eimer und dergleichen. Ich sagte zu meiner Frau: «Man müsste in Berlin auch so Hotspots einrichten, wo Kinder mit Sachen spielen können.» – «Du meinst so etwas wie Spielplätze?»

Ich war mit meinem Sohn (19 Monate) im Park. Ich wollte um 18 Uhr zu Hause sein, wusste aber nicht, wie spät es ist. «Weißt du, wie viel Uhr es ist?», wollte ich gerade fragen, hielt mich aber gerade noch zurück. «Er hat ja gar keine Uhr an», dachte ich.

Meine Tochter ist zwei Jahre alt und kommt super mit einem vierjährigen Jungen aus ihrer Kita aus. Seine Mutter meinte scherzhaft, wir könnten ja schon mal das Aufgebot bestellen, worauf ich sagte: «Aber der ist doppelt so alt. Wenn sie zwanzig ist, ist er vierzig.»

Meine Frau hält unseren Sohn auf dem Arm, ich räume die Festplatte auf dem Laptop auf. «Willst du mal ein vier Jahre altes Foto sehen?», frage ich sie. «Von dir oder von ihm?», fragt sie zurück. Der Kleine ist 16 Monate alt.

Die Pforte zum Kindergartengelände ist ungefähr 1,10 m hoch und lässt sich nur von außen öffnen, damit Eltern rein-, Kinder aber nicht rauskönnen. Ich habe gerade den

Erstgeborenen angemeldet und will nun das Gelände verlassen. Eine Erzieherin begleitet mich raus. Kurz vor der Pforte frage ich sie: «Und? Wie kommt man jetzt wieder raus?» – Ihre Antwort und meine Erkenntnis schlagen gleichzeitig ein. Ach ja, danke, als ausgewachsene Frau von 1,77 m kann ich auch drübergreifen und die Klinke benutzen.

Meine Frau sitzt mit unserem Baby in der Badewanne. Der Kleine sitzt vor ihr und tatscht auf ihren Bauch, dann drückt er einen Finger in ihren Bauchnabel. Sie schaut ihn gerührt an. «Da hast du mal drangehangen», sagt sie.

Ich halte dem Baby «Mein Bauernhof» hin und erkläre: «Die Kuh macht Muh. Der Esel I-aaah.» Ich lege all meinen Ehrgeiz darein, die Stimmen möglichst natürlich nachzuahmen. «Das Pferd macht Ppprrrrr oder Uuuhhhuuaa. Die Katze macht Miau. Die Ente macht Schnatt.» Meine Frau stellt das Radio lauter. Das Baby hat alles mitbekommen.

Gerade im Kindercafé – unter, wie ich zu meiner Verteidigung sagen muss, einem halben Dutzend Schwangerer – ein kleines, ziemlich dickes Mädchen gesehen und gedacht: «Ach, die ist auch schon schwanger, 8 ist ja ganz schön früh.»

Ein Nachbar erzählt mir, dass er drei Kinder hat, Kind 2 und 3 ist ein Zwillingspärchen. Und sofort kommt die Frage in meinen Kopf: «War das so geplant?»

Ich bin ein eineiiger Zwilling. Neulich hat mich jemand gefragt, ob ich schon mal aufgewacht sei und gedacht habe, ich sei mein Bruder.

«Wie alt sind Sie?» – «23.» – «Haben Sie Geschwister?» – «Ja, einen Zwillingsbruder.» – «Und wie alt ist der?»

Als meine Tochter 4 oder 5 Wochen alt war, wollte ich ihr einen Strampler anziehen. Der passte ihr aber nicht. Also habe ich geschaut, ob ich ihn falsch zugeknöpft oder ihr die Windel falsch angezogen habe. Erst danach wurde mir klar, dass der wohl so spannte, weil sie schlicht gewachsen war.

Meine Frau war mit unserem kleinen Kind (12 Monate) bei einer Bekannten, die einen etwas größeren Jungen hat, Bertram. Bertram war kurz nach der Geburt unseres Sohnes schon einmal bei uns. Ich fragte meine Frau:

«Wie alt ist Bertram noch mal?» Sie sagte: «Vier Jahre.» «Nein», sagte ich, «ich meine: Wie alt war er vor einem Jahr?»

Ich mit Kinderwagen, meine Jungs drin. Ältere Frau: «Sind das Zwillinge?» Ich: «Ja, eineiig.» Sie: «Junge und Mädchen?»

Ein Freund: «Du hast ja totale Plattfüße». Ich: «Ja, hab ich von meinem Vater.» Ich bin adoptiert.

Komme ins Kinderzimmer, in dem mein Mann mit unserem 20 Monate alten Sohn spielt. Die Spielzeugautos sind in einer kerzengeraden Reihe vor meinem Sohn aufgestellt, und ich denke: «Boah, ist der Kleine schon ordentlich.»

Beim Blick auf meinen Bauchnabel fragte ich meinen Freund: «Warum haben Männer eigentlich einen Nabel?» Fragender Blick. «Wenn sie doch gar keine Kinder bekommen können?»

Beim Rausgehen checke ich, ob ich alles Wichtige dabeihabe: «Geld, Schlüssel, Handy, Schnuller, Windel.» Schnuller und Windel vergessen, suche also, finde beides, packe es ein, schließe die Tür. Ach so: Das Baby ist mit meinem Mann unterwegs.

Ich bin auf einer Familienfeier, bei der mehrere Babys anwesend sind. Als ich mein Baby im Nebenzimmer stille, hört man Kindergeschrei von drüben, und ich denke mir, wie ähnlich die Kleinen doch klingen. Plötzlich erschrecke ich bei dem Gedanken: Hoffentlich ist das nicht mein Baby, das da so schreit!

Bin bei einer Freundin zu Besuch. Ihre älteste Tochter ist 7 Jahre. Sie zeigt mir 10 Jahre alte Fotos vom Urlaub mit ihrem Mann. Mitten im Album frage ich: «Und die Kids, wo waren die?»

Wir haben Freunde zum Abendessen da. Ich bin zum Stillen kurz nebenan und setze mich dann wieder mit dem Baby auf dem Schoß an den Tisch. Dort dreht das bislang eher ruhige Baby voll auf, gluckst und quietscht in den höchsten Tönen und unterhält den ganzen Tisch. Mein Mann fragt mich: «Hat er was getrunken?» Mein Blick geht als Erstes zur Weinflasche auf dem Tisch, und ich grinse ob der vermeintlichen Scherzfrage.

Ich, Mutter eines Säuglings. Überwältigt und übermüdet. Hetze durch den Supermarkt, packe hier ein, packe da ein. Stehe vor dem Kaffeeregal und schmachte eine starke Sorte an. UND bemerke, dass ich den Einkaufswagen ‹schuckele›. Ich schaue kurz nach meinem Baby. Kein Baby da. Ahhh, Baby bei seiner Oma.

Mein Sohn geht wahnsinnig auf Feuerwehrautos ab. Gestern schaue ich aus dem Fenster und denke: «Ich muss den Kleinen rufen. Das ist ja wirklich ein riesiges Feuerwehrauto.» Okay, wenn man pingelig sein will: Es handelte sich um einen roten Reisebus.

Ich sitze mit meiner kleinen Tochter auf dem Boden und lese ein Bilderbuch. Auf einem Bild ist ein älterer Mann zu sehen, und meine Tochter ruft: «Opa! Opa!» Meine Frau kommt gerade herein und sagt: «Du hast ja leider keinen Opa mehr.» Meine Tochter und ich schauen sie verständnislos an. «Ach nein», sagt meine Frau. «*Ich* habe keinen Opa mehr. Deinem Opa geht es gut.»

Ich lese ein Bilderbuch mit meiner kleinen Tochter, die 21 Monate alt ist. Kinder sollen mit diesem Buch lernen, wie der Mensch so funktioniert. Auf einer Seite ist ein kleiner Junge abgebildet. Meine Tochter sagt «Aaam» und zeigt auf den Arm, «Fusse» und zeigt auf die Füße, «Naasse» und zeigt auf die Nase, ich denke: «Das macht sie ja schon wirklich gut.» Dann fällt mir auf, dass die Bezeichnungen danebenstehen, und ich denke: «Na, dann ist es ja auch einfach.»

Ich lag neben meinem Baby im Bett und hatte auf einmal ein Pfeifen im Ohr. Mein erster Gedanke war: «Das muss ja für das Kleine total nervig sein.»

Ich sehe ein Foto von meinem Großvater, ein Bild aus den zwanziger Jahren, auf dem er schon recht alt ist. In dem Raum, in dem ich bin, spielt auch mein kleiner Sohn, ich schaue von dem Bild zu ihm hin und denke: «Wenn mein Großvater damals schon so alt war und schon so lange tot ist, werden dann nicht meine Gene langsam schlecht?»

Geburt des Sohnes. Weil es langsam vorangeht, kommt ein Arzt, um zu sehen, wie es dem Kind geht. Er tastet und sagt dann: «Ganz schön viele Haare.» Worauf ich ihn empört anpflaume: «Wie sollte ich mich bitte mit dem Bauch noch rasieren??!!!» – «… nein, ich meine den Kopf Ihres Kindes.»

Mein Mann hält unsere kleine Tochter im Arm, sie verlangt nach einem Schnuller. Ich gehe ihn holen und schiebe ihn meinem Mann in den Mund.

Während ich meiner kleinen Tochter, deren Füße schon wieder gewachsen sind, ein neues Paar Schuhe überziehe, denke ich: «So was Blödes, können die nicht Schuhe verkaufen, die für zwei Größen passen?»

Ich erzähle meiner Frau am Telefon, dass ich gerade den Kleinen in die Kita gebracht habe. «Ich habe ihn Katrin (der Erzieherin) auf den Arm gesetzt, dann wurde schlimm geweint.» Meine Frau: «Aber warum hat Katrin denn geweint?»

War heute kurz irritiert, weil die einjährige Tochter einer Bekannten so wenig Busen hat.

Jungschafe

10. Klasse, letzte Stunde vor den Ferien, wir spielen ein Quiz. Frage: «Was bedeutet der Bandname ‹Iron Maiden›?» Meine Antwort, wie aus der Pistole geschossen: «Eiserne Made!»

Als ich in der Schule auf die Toilette gehen will, öffnet sich eine der Kabinentüren, und eine Schwangere tritt heraus. Instinktiv wähle ich eine andere Kabine, um mich nicht mit einer Schwangerschaft anzustecken.

In meiner Grundschulzeit bekam ich einmal ein neues Kleidchen für meine Puppe Mia zum Geburtstag geschenkt. Ich bewunderte das Kleid und zog es Mia gleich begeistert an. Es passte wie angegossen. «Schade», dachte ich, «bald wird sie da rausgewachsen sein.»

Als eine alte Freundin so mit 15, 16 beim Sex zum ersten Mal eine Erektion aus der Nähe sah, fragte sie: «Wie kommt es, dass der Knochen nicht bricht?»

146

Wir haben als Kinder mal überlegt, wie wir das Taschen-geld vermehren könnten. Und dann hatte ich eine Idee: «Wir müssen doch nur ein paar Pfandflaschen abgeben, die wir vorher kaufen!»

Ich habe in der Schule mal einem Mädchen eine «Willst du mit mir gehen»-Postkarte heimlich in die Jacke gesteckt, weil ich mich nicht getraut habe, sie direkt zu fragen. Später fiel mir auf, dass ich meinen Namen nicht draufgeschrieben hatte.

Erstes Jahr auf dem Gymnasium, Mathestunde. Aufga-benstellung: Ein quadratisches Grundstück mit einem x Meter langen Zaun soll halbiert werden. Wie viele Meter Zaun werden benötigt? Nach langem Grübeln melde ich mich: «Sind die beiden Hälften gleich groß?»

Als ich noch ganz klein war, fragte ich meinen Vater, warum Leute in Filmen sich ihre Zungen gegensei-tig in den Mund tun. Er erklärte mir geduldig, dass Menschen, die sich liebhaben, das manchmal machen. Nachdem er mich zugedeckt hatte, gab ich ihm einen Zungenkuss. Einen dicken fetten Zungenkuss. Er spricht heute noch davon. Ich bin übrigens ein Mann.

Als ich noch ein kleines Mädchen war, kam ich weinend zu meinem Vater gelaufen, weil ich meinen Kopf angestoßen hatte. Er fragte mich, was denn passiert sei, also ging ich zur Wand und habe meinen Kopf noch einmal gestoßen, um es ihm zu zeigen.

Wir hatten Sozialwissenschaften, es ging um Angebot und Nachfrage. Ich hatte eine Cola auf dem Tisch, und der Lehrer wollte anschaulich erklären, indem er sagte: «Wenn Daniel Durst hat, besteht bei ihm eine Nachfrage nach Cola.» Worauf eine Klassenkameradin meinte: «Aber wenn er zum Automaten ginge, müsste er gar nicht nachfragen.»

Als Kind träumte ich sehr lebhaft. Hin und wieder befand ich mich im Traum zusammen mit meinen Geschwistern in einer kugelförmigen gläsernen Schlaf-Kathedrale. Dieses Mal erklärte ich meiner dort anwesenden Schwester, dass ich die Fähigkeit entwickelt hatte, mich spontan durch Willenskraft auflösen zu können. Meine Schwester lachte und verspottete mich. Ich stellte mich auf und konzentrierte mich aufs Aufwachen. Und tatsächlich wachte ich auf. Ich eilte ins Zimmer meiner Schwester, rüttelte sie wach und sagte triumphierend: «Siehste!»

In der Schule, Biologie, 8. oder 9. Klasse. Ich habe vor mich hin geträumt und hörte nur noch: «Erklär den Bienenstaat, Peter.» Ich denke noch, dass meine Lehrerin unmöglich so eine blöde Frage stellen kann, und fange an zu erzählen: «Die Bienen brauchen zum Fliegen keinen Anlauf ...»

Matheunterricht, eine dröge Stunde, wie immer. Gedanklich bin ich längst in anderen Welten, als ein Freund, der eine Reihe vor mir sitzt, sich zu mir umdreht: «Kommst du noch mit?» Ich: «Wohin?»

Im Politikunterricht in der 12. Klasse sprechen wir über Produkte, deren Hersteller ein Monopol besitzen. Unsere Lehrerin gibt zwei Beispiele: Lange Zeit gab es ein Monopol in der Streichholzherstellung und auch eins in der Herstellung von Wahlurnen. Während mir das erste sofort einleuchtete, verstand ich das zweite überhaupt nicht. Seit wann werden Wale verbrannt und vor allem: wozu?

Ich habe als Kind Hunde und Katzen nicht verstanden. Also ihre Geschlechter. Ich dachte, Hunde wären Männchen und Katzen Weibchen.

In den Nachrichten ging es um Nicaragua, und ich fand es irre spannend, dass dort gegen eine Armee von Gorillas gekämpft wurde. «Wie haben die Gorillas denn gelernt, mit Pistolen umzugehen?» Von Guerillas hatte ich noch nie gehört.

Meine kleine Tochter saß zum ersten Mal im Flugzeug. Kurz nach dem Start fragte sie mich: «Wann wird das Flugzeug kleiner?»

Schafe und andere Vierbeiner

Die nach einem Unfall dreibeinige Katze meiner Freundin bekommt Katzenbabys. Als sie da sind, wundere ich mich, dass sie ohne Ausnahme alle vier Beine haben.

Meine Frau berichtet von einem vierbeinigen Vogel, den sie vor einigen Jahren im Urlaub gesehen habe. Weitere Nachforschungen ergeben: Es handelte sich um einen Strauß.

Ich bin Hundebesitzerin, und der Hund ist sehr schmutzig, weswegen ich mir sehr oft die Hände wasche. Ich habe das Händewaschen nach dem Berühren von kleinen, niedlichen Lebewesen auf so eine komische Art verinnerlicht, dass ich schon öfter versehentlich zu den Eltern kleiner Kinder gesagt habe: «Ich wasche mir noch eben die Hände, ich hab gerade euer Baby angefasst.»

Stand vor einigen Tagen mit der Hundekacketüte vor dem Briefkasten und habe überlegt: Berlin/Brandenburg oder Andere Postleitzahlen?

Mir kam vor kurzem ein Passant mit seinem Hund entgegen. Der Hund musste niesen, und mein erster Gedanke war, dass er wohl allergisch gegen Tierhaare ist.

Ich bin mit meiner Hündin zur Hundewiese gegangen. Auf dem Weg merkte ich, dass ich ihre Leine vergessen hatte, und lief zurück. Wieder auf dem Weg merkte ich, dass ich meine Brieftasche vergessen hatte. Einen Moment dachte ich, meine Hündin würde mich jetzt verachten, weil ich so vergesslich bin.

Ich komme vom Bäcker und gehe zu meinem Motorrad, das ich direkt davor geparkt habe. Vor der Tür ist ein

Hund angeleint, Golden Retriever oder so was. Er bellt, ist aber offenbar gut gelaunt. Mein Brot habe ich bereits in den Rucksack gesteckt, da kommt eine Frau vorbeigelaufen und fragt mich: «Das ist aber ein schöner Hund. Ist das Ihrer?» Während ich bereits auf dem Motorrad sitze und dabei bin, meinen Helm aufzusetzen und meine Handschuhe anzuziehen.

Eine junge Frau streichelt meinen Hund. Sie fragt: «Wie heißt denn der?» – «Herr Schmidt», antworte ich. Darauf wieder sie: «Junge oder Mädchen?»

Aus dem Augenwinkel sehe ich auf der anderen Straßenseite einen Mann mit Hund und denke: «Boah, ist ja saucool, einem weißen Hund die Zunge himmelblau zu färben.» Bitte wie?! Ah, ist doch eher eine Frisbeescheibe, die da aus dem Maul hängt.

Unser Hund heißt Max, ebenso der 12-jährige Sohn unserer Nachbarn. Meine Freundin erzählte mir gestern: «Max hat mich krass zugetextet gerade.» Und ich denke: «Aber der Hund kann doch gar nicht reden.»

Ich habe eine Katze und ein Kaninchen. Eine Kollegin kommt mich besuchen, ist ganz bezaubert von den beiden und fragt plötzlich besorgt: «Hast du denn gar keine Angst, dass die Babys miteinander bekommen?»

Ich war bei einer Bekannten in der Wohnung. Auf einmal sprang sie auf und sprintete in den Flur. Die Katze hatte ein Wasserglas umgestürzt, das auf der Kommode gestanden hatte, und trank nun aus der Pfütze. «Dauernd schmeißt die Gläser um, egal, wo ich die hinstelle», sagte meine Bekannte resignierend. Worauf ich fragte: «Wie findet sie die denn? Wittert die Glas?»

«Und dann haben wir in das Nest geschaut», erzählt meine Kollegin, «und es war so traurig, denn wir wussten ja, dass die Elternvögel nie wiederkommen, dabei waren die Eier schon so groß» (begleitet von der entsprechenden Handbewegung).

Ich doziere über tierische Verwandtschaftsverhältnisse. «Nacktschnecken und Blauwale mussen wohl verwandt sein, weil beide keine Beine haben. Ach Quatsch, die Schnecke hat ja einen Fuß.»

Meine Freundin und ich gehen spazieren und sehen unsere Nachbarin mit ihrem Hund an der Leine auf der

Danziger bei Rot warten. Wir wollen die Straße ebenfalls überqueren. Da kein Auto kommt, verspüren wir
eigentlich den Impuls, über die Straße zu gehen, bleiben
aber stehen, weil die Silhouette der Nachbarin mit klei-
nem Irgendwas daneben uns gemahnt, stehen zu bleiben, um kein schlechtes Beispiel abzugeben. Dem Hund
wohlgemerkt.

Beim Hufeauskratzen: «Während du den Huf aus-
kratzt, kann ich ja die anderen beiden machen, wir
haben doch zwei Hufkratzer.»

Meine Frau verzieht ihre Nase. «Was stinkt denn hier
so?» – «Das wird wohl das Katzenklo sein.» – «Ah, okay.
Dann mache ich gleich mal das Licht an. Äh: aus.»

Meine Mutter und mein Vater spielen mit dem
neuen Familienmitglied und Hundewelpen im Garten. Meine Mutter zu meinem Vater: «Du musst
den Ball an die Schnauze halten, bevor du ihn
wirfst.» Vater hält sich den Ball vors Gesicht. Dann
wirft er ihn.

Die Arbeitskollegen unterhalten sich über die vorbeiflie-
genden Tauben. Ich bin mir plötzlich unsicher über ihre

Anatomie und frage daher in die Runde: «Haben Vögel eigentlich ein Herz?»

Ich gehe mit einem Freund am See spazieren. Er zeigt auf etwas am Boden und sagt: «Das hat doch was mit Bienen zu tun, oder?»
Es ist ein abgefressener Maiskolben.

Heute früh. Ein Eichhörnchen in einiger Entfernung vor der Garage, aus der ich mit dem Auto gerade Zentimeter für Zentimeter herausrangiere – es schaut mich an, weiß noch nicht, ob es fliehen soll oder bleiben kann. Ich denk mir, ich blink mal rechts, dann weiß es, wo ich hinfahre, erschrickt nicht und weiß, dass es dableiben kann.

Verirrte Schafe

*Wo bin ich? Und wenn ja: warum? Die meisten Unfälle pas-
sieren angeblich auf Strecken, die man schon oft zurückge-
legt hat. Und doch hat die Fremde etwas Verwirrendes. Dort
spricht man andere Sprachen, fährt auf der überraschenden
Seite der Straße und zahlt mit Geld, das aussieht wie Werbe-
zettel für Herrenkosmetik.*

Ich habe im Flugzeug nach Köln einen Bekannten
getroffen und ihn gefragt, ob er auch nach Köln fliegt.

Ich bin am Flughafen und muss aufs Klo. An der Tür
mit der Aufschrift «WC Men» gehe ich vorbei, weil
ich die deutschsprachige Toilette suche.

Landeanflug auf dem Flug von Düsseldorf nach Mallorca. Der Kapitän meldet sich und sagt, dass man links schon den Zipfel der Balearen sehen kann. Zwei Reihen vor mir: «Balearen? Ich denke, wir fliegen nach Mallorca …»

Anruf in einer Berliner Taxizentrale, zum Ende des Gesprächs: «In welche Richtung soll die Fahrt denn gehen?» – «Nach rechts.»

Eben kommt mir ein Mercedes mit Wolfsburger Kennzeichen entgegen. Mein erster Gedanke: «Merkwürdig, eigentlich werden doch nur VWs mit WOB zugelassen.»

Ich unterrichte seit Jahren an derselben Uni. Gestern war meine erste Vorlesung im neuen Semester, im selben Hörsaal wie immer. Um ihn zu erreichen, muss man durch einige Gänge und um viele Ecken laufen. Ich blieb stehen, wusste nicht mehr weiter. Eine Kollegin kam auf mich zu und wollte helfen. «Nicht nötig», sage ich, «ich habe mich im Datum geirrt.»

Kurz nach der Euroeinführung habe ich darüber nachgedacht, ob die Kilometerangaben an der A2 schon umgerechnet sind.

Ich stand vor unserem Ferienhaus in Italien. Mir fiel auf, dass ich die Haustür offen gelassen hatte und der Flur hell erleuchtet war. «Mist, gleich ist alles mit Mücken voll», dachte ich. «Aber ich könnte ja das Gartentor schließen, das hält sie bestimmt ab.»

Wir neulich von Berlin aus unterwegs nach Niedersachsen. Als mein Mann sagt, dass wir bald in Helmstedt sind, erschrecke ich kurz: «Haben wir alle unsere Pässe dabei?»

Ich schreibe gerade meine Seminararbeit auf Englisch. Im Geschäft spreche ich den Verkäufer an und wundere mich, warum er auf Englisch antwortet. Sehe ich etwa wie eine Touristin aus? Will schon empört auf Deutsch antworten, da wird mir bewusst: Ich habe ihn auf Englisch angesprochen.

Kurz vor dem Start bat uns der Pilot um einen Moment Geduld. Man müsse noch die Landung eines Urlaubsfliegers abwarten. Just in diesem Augenblick ließ sich eine Ente auf der benachbarten Landebahn nieder. Und mir schoss der Gedanke durch den Kopf: «Ach, die war in Urlaub?»

Fahre das erste Mal nach Salzburg. Als wir ankommen, stelle ich völlig perplex fest: «Da ist ja eine Riesenburg mitten in der Stadt.» Trockener Kommentar meiner Freunde: «Ja, Salz-BURG!!!»

Ich war mit Freunden in den USA. Wir gehen die uns unbekannten Münzen durch und sehen einen Quarter von 1962. Komisch, eine Euromünze von 1962 habe ich noch nie gesehen.

Ich bin Kajak gefahren auf einem kleineren Fluss (aber in einer größeren Gruppe) und habe beim Anlegen gedacht, wir wären jetzt wieder am Ausgangspunkt.

Ich buche per Telefon auf einer Mini-Insel auf den Malediven so ein kleines Apartment auf Stelzen über dem Wasser. Zu dem Apartment gehört ein kleiner Privat-Jacuzzi. Ich frage die Dame am Telefon: «Kann man da auch schön schnorcheln?»
Sie: «Im Jacuzzi?»

Nach einer Woche Intensiv-Englischkurs in der Firma kommt meine Mitarbeiterin ins Büro und sagt: «Ich bin so im Englisch drin, dass ich gar nicht mehr lesen kann. Gestern Nachmittag fuhr ich in eine Tiefga-

rage. Da stand ein Schild: ‹Beim Hupton bitte stehen bleiben!› Und ich hab überlegt, was in aller Welt das sein soll.»
Sie las das Wort «Hapten».

Wir waren am Nordseestrand und hörten aus dem Nachbarkorb: «Mann, Norddeutschland ist so flach! Auf welcher Höhe ist das hier wohl?»

Was spricht man in Saudi-Arabien? Saudisch?

Ich bin Amerikaner und lebe in Berlin. In einem internationalen Forum wurde auf eine Folge von Jon Stewarts Daily Show verlinkt. Die kann man jedoch außerhalb der USA nicht sehen, also schrieb jemand: «Hast du noch einen Link für Nichtamerikaner?» (also: Hat jemand das auf Youtube hochgeladen?).
Ich klickte den Original-Link, konnte die Show nicht sehen und dachte: «Aber verdammt, ich bin doch Amerikaner!»

Bei meiner griechischen Freundin in der griechischen Provinz. Ich kann kein Griechisch und hatte Schwierigkeiten mit den Speisekarten, die komplett auf Griechisch waren. Also bat ich meine Freundin, sie möge mir noch mal eine Liste machen, was die griechischen Buchstaben auf Deutsch für Buchstaben wären, damit ich die Speisekarten übersetzen kann.

Ich war in Rom, und meine Freundin zeigte auf zwei Italiener, die sich besonders gestenreich unterhielten. Ich fragte: «Wie machen die das wohl, wenn sie taubstumm sind?» – «Was meinst du?» – «Na, machen die dann mit einer Hand Gebärdensprache, und mit der anderen gestikulieren sie?»

Ich besitze eine hamburg.de-Mailadresse. Neulich war ich in Dubai und wollte eine Mail an meine Familie schreiben. Mein erster Gedanke war: «Ach, Mist, von Dubai aus kann ich hamburg.de ja gar nicht benutzen.»

Ich komme mit einer Freundin in Istanbul am Flughafen an. Als wir auf die Koffer warten, fragt sie einen Mann in Uniform: «Hier sind wir doch richtig für den Flug aus Berlin, oder?» Er schaut sie fragend an. Sie wiederholt die Frage, ich sage: «Versuch es doch mal auf Englisch.» – «Aber Türken sprechen doch alle Deutsch.» – «Hä?» – «Also alle, die ich kenne.»

Ist wohl schon mal jemand unter England durchgeschwommen?

Klassenfahrt. In einem Kaff in Südfrankreich. A: «Boah, hier ist ja gar nichts los. Hier werden nachts auch noch die Bürgersteige hochgeklappt.» B (komplett ironiefrei): «Wow, echt? Das würde ich gern mal sehen!»

Ich war in London und stoße meine Freundin an: «Das Auto wird von einem Hund gefahren!»

Wollte gerade einen Freund von mir zum Quizduell einladen, habe dann aber doch gezögert, weil der in Thailand lebt und ich kurz überlegt habe, ob das nicht ungeheuer viel Akku frisst über die Distanz.

Vor dem Mauerfall waren wir mit der Schulklasse (aus Westberlin) in Ostberlin. Als ich da Tauben auf der Straße sah, war mein erster Gedanke: «Die sehen ja genauso aus wie bei uns!»

Meine Tante (in Hessen wohnend) erzählte mir mal, dass ihr Sohn jetzt in Rheinland-Pfalz in die Schule gehe und zwischen den Bundesländern pendle. Darauf ich: «Der muss dann ja immer seinen Reisepass mitnehmen!»

Ich höre im Radio vom Referendum in Schottland und denke: «Kriegt der Putin denn nie genug?»

Wir fahren mit unserem deutschen Auto in London ins Parkhaus. Ich sitze auf der Rückbank. An der Schranke muss unser Beifahrer die Karte vom Automaten entgegennehmen. Ich denke: «Wie soll der Fahrer denn an sein Ticket kommen, wenn er mal allein unterwegs ist?»

Ich war in Paris und habe eine Mutter mit ihrem Kleinkind sprechen hören. Krass, dass ein so kleines Kind schon Französisch kann!

Habe zu Hause per Smartphone eine italienische Webseite aufgerufen und sie, noch bevor sie zu Ende geladen war, schnell wieder geschlossen. Grund: Ich war nicht im WLAN, und die Roaming-Gebühren sind ja nicht zu unterschätzen …

Vor vielen Jahren habe ich in Rom auf dem Weg zum Geldautomaten kurz überlegt (leider auch laut), ob man vor der Geheimzahl wohl die deutsche Vorwahl eingeben muss.

Ich lebe seit einigen Jahren in Hongkong. Von Zeit zu Zeit schaue ich umher und denke: «Wow, hier sind aber viele Chinesen!»

Während der WM 2006 fragte ich mich, was denn jetzt das Besondere an diesem Kaffee aus Togo sei, den plötzlich alle verkauften.

Im Radio gehört, dass in Polen 20 Prozent eine ausländerfeindliche Partei gewählt haben, und gedacht: «Aber Polen sind doch Ausländer.»

Auf einer Party lerne ich eine Linguistikstudentin kennen. Ich überlege, was ich Smartes sagen könnte, und komme schließlich drauf: «Gibt es eigentlich auch Sprachen, die niemand jemals gesprochen hat?»

Wir fahren mit Freunden nach Borkum: mit dem Auto nach Emden, dann weiter mit der Fähre und auf der Insel noch mal in die Bimmelbahn ... In der kleinen Bahn sagt plötzlich eine: «Wieso haben wir nicht direkt die Bahn genommen?»

Ich saß mit ein paar Bekannten zusammen, und es kam die Frage auf, wer welche Fremdsprachen beherrscht.

Jemand fragte mich: «Kannst du auch Italienisch?»,
und ich antwortete: «Weiß nicht, habe es noch nie
probiert.»

Ich sitze mit meiner Freundin in einem Türkischkurs
für Anfänger. Wir lernen die Vokalharmonie. Also, dass
in türkischen Wörtern immer nur einander ähnliche
Vokale vorkommen, was zu einem harmonischen Klang
führt. Meine Freundin fragt: «Und was, wenn die sich
mal streiten?»

Zu Studienzeiten hatte ich in den Semesterferien
einen Bürojob. Am ersten Tag wurden mir die Kollegen vorgestellt, die in der Abteilung arbeiteten.
Zuletzt hieß es: «Und dann gibt es noch Jörg, aber
der ist gerade auf Hawaii.»
Ich sagte: «Hach, in die Karibik möchte ich auch
mal.»
Kollege: «Hawaii ist nicht in der Karibik. Hawaii ist
westlich von Amerika, kurz vor Japan.»
Ich gucke ihn an und sage: «Hä? Amerika ist doch
hier (zeige links) und Japan ist daaa (zeige rechts).»

Meine Freundin aus Schweden und ich gehen in einer
deutschen Großstadt spazieren. Ich zeige auf eine kleine

Metallplatte im Boden. «Guck mal, ein Stolperstein. Habt ihr die in Schweden auch?»

Auf dem Weg in den Urlaub, am Bahnhofskiosk. Eine Frau hetzt hinein und fragt den Verkäufer: «Haben Sie eine ‹Neue Zürcher›»? Er: «Ick hab nich mal 'ne alte ...»

Als ich das erste Mal in Tunesien Urlaub machte, sah ich neben dem Eingang des Hotels ein Schild mit arabischer Schrift. Es wird um die Erbauung des Hotels oder irgendeinen wichtigen Gast gegangen sein, jedenfalls amüsierte ich mich über das Datum, das zwischen den Wörtern stand. «Eigentlich witzig, dass sie unsere europäischen Zahlen benutzen», dachte ich.

Ein Freund am Fahrkartenschalter Bahnhof Zoo: «Eine Fahrkarte nach Frankfurt bitte.» Ticketverkäuferin: «Oder?» Er: «Oder Hamburg? Oder München oder was?» Ein Wessi.

Als die Starterkits mit Euromünzen im Handel waren, betrachtete meine Mutter lange die Münzen. Schließlich fragte sie: «Gibt's denn da auch Scheine?»

Nach fünf Tagen Segelkurs: Ich gehe abends am Ufer spazieren, schaue auf die Spiegelungen der Laternen auf dem Wasser und wundere mich: «Wieso verlaufen die in diese Richtung? Der Wind ist doch gerade auflandig!»

Wunderte mich als Austauschschülerin in den USA, warum sich eines Morgens in der Schule alle «Happy Honecker» wünschten.

Ich war vor einigen Jahren viel in Polen und der Ukraine unterwegs, auf der Suche nach Spuren der Millionen Juden, die dort vor dem Nazi-Wahnsinn lebten. Ich suchte irgendwann instinktiv jedes Gebäude, das älter als 50 Jahre war, nach Hinweisen darauf ab, ob es einst vielleicht eine Synagoge gewesen sein könnte – also vor der Umnutzung zu Autowerkstatt, Kulturhaus oder Lagerhalle. Neulich war ich nun zum ersten Mal in Israel; im Bus vom Flughafen aus dem Fenster schauend, sah ich eine Tür, in die ein Davidstern eingelassen war. Und dachte ganz kurz: Oh, spannend, hier ist ja eine Synagoge.

Schafe und die großen Fragen

Was ist das Sein? Was ist die Zeit? Warum guckt der Mond so komisch?

Der Mensch unterscheidet sich von seinem nächsten Verwandten, dem Bonobo, dadurch, dass er bemitleidenswert selten den Geschlechtsakt vollzieht.

Außerdem weiß der Bonobo nie, wie spät es gerade ist. Es mag zwischen diesen beiden Tatsachen einen Zusammenhang geben, wer weiß das schon?

Der britische Schriftsteller Arthur C. Clarke wies darauf hin, dass wir entweder allein im Universum seien oder nicht. Beide Möglichkeiten seien gleichermaßen erschreckend. Kann man es uns da verdenken, wenn wir im Angesicht der Sterne das Denken einstellen?

Schafe und Zeit

Ich habe gestern «50 Shades of Grey» im Kino gesehen
und fand den Film so langweilig, dass ich mich zwischen-
durch gefragt habe, wie spät es wohl ist. Um nicht in der
Tasche nach meinem Handy kramen zu müssen, habe ich
versucht, einen Blick auf die Armbanduhr der Hauptdarstellerin zu erhaschen.

Ich kam nach einer durchzechten Nacht morgens
gegen fünf Uhr heim. Um acht Uhr musste ich zur
Uni, aber ich hatte keine Ahnung, wie ich das schaffen sollte. Leider hatte ich in diesem entscheidenden
Moment die Erfindung des Weckers vergessen. Nach
einigem Überlegen kam ich aber auf die Lösung des
Problems: Einfach einen Zettel mit einer Erinnerung
an die geplante Aufstehzeit auf den Nachttisch legen!

Ich erwarte um 14 Uhr einen Anruf aus Österreich. Um
Viertel nach zwei noch kein Anruf. «Na ja», denke ich.
«Wer weiß schon, wie viel Uhr es in Österreich jetzt ist?»

Während der Inventur am 31.12.1999 hörte ich im Radio die stündlichen Berichte zur Jahrtausendwende auf der ganzen Welt. Da dachte ich mir: «Was haben wir in Deutschland doch für ein Glück, dass Silvester bei uns genau um Mitternacht ist! Mittags oder nachmittags ist ja total blöd für eine Silvesterparty!»

Endlich Sommerzeit! Die Extrastunde Sonne wird auch noch den letzten Schnee schmelzen!

Ich habe vor kurzem Freunden begeistert erklärt, dass immer, wenn ich 26 werde, meine Freundin kurze Zeit später auch ein Jahr älter wird.

Am Postschalter.
«Hallo, ich hätte gerne zwei Briefmarken und eine Telefonkarte für 9 Mark bitte.»
Postbeamter: «Die Telefonkarte gibt es erst ab zwölf.»
Ich schau auf die Uhr und denke: «Wie? Wir haben doch schon halb drei!»

Werde 14:15 Uhr gefragt, ob wir in einer halben Stunde telefonieren können. Sage, dass Viertel vor drei besser wäre.

Ich gehe auf dem Friedhof spazieren. Ein Familiengrab aus dem 19. Jahrhundert. Wilhelm ist 1866 geboren und 1899 gestorben, Friedrich 1868 geboren und 1904 gestorben, Margarethe 1870 geboren und 1934 gestorben. Bei Gertrud, 1871 geboren, steht kein Sterbedatum. Na, dann wird die wohl noch leben.

Überall im Fernsehen laufen Rückblicke auf den 09.11.1989. Meine Freundin postet bei Facebook ein Handy-Video mit Aufnahmen des symbolischen Umsturzes einer Styropormauer im November 2009 in Berlin. Hm, denke ich, sie ist doch Berlinerin … ob sie vielleicht auch ein Handy-Video vom Original-Mauerfall hat?

Morgens um zehn in Deutschland.
«Ich hab gerade die Daten für die Kollegin in Manila rausgeschickt. Kann sie mal eben ausprobieren, ob es klappt?»
«Die Kollegin in Manila hat gerade Feierabend gemacht.»
«UM DIESE ZEIT?»

In unserer Küche hängt eine Uhr. Im Schlafzimmer nicht. Ich starre also im Schlafzimmer an die Wand und wundere mich, warum ich jetzt nicht weiß, wie spät es ist.

Nach langer Zeit war ich mal wieder mit dem Auto unterwegs, fahre abends los und auf die Autobahn drauf. Es ist stockdunkel, und ich wundere mich, dass noch so viele LKW unterwegs sind. «Was machen denn mitten in der Nacht die ganzen LKW auf der Autobahn?», frage ich mich, bevor ich auf die Uhr schaue: 18.15 Uhr. Schon wieder vergessen, dass Winter existiert.

Nachdem neulich die Uhr auf Winterzeit umgestellt worden war, hörte ich frühmorgens Vögel in unserem Innenhof laut schreien/singen. Ich dachte mir: «Für die muss so eine Zeitumstellung ja auch ganz schön doof sein.»

Die Familie sitzt am Tisch, Mutter, meine Schwester und ich. Wir unterhalten uns angeregt über unsere bevorstehenden Geburtstage, einer ist am 30.3., der andere am 1.4. Während meine Schwester erzählt, dass wir ja oft an Ostern Geburtstag haben, geht mir durch den Kopf: «Seltsam, ich hatte noch nie am 1.4. Geburtstag …»

Ich lese auf einer Nachrichtenseite: «Heute vor 25 Jahren war die entscheidende Montagsdemo in Leipzig», und denke: «Heute ist doch Donnerstag!?»

Ich war nachts aufgewacht und wollte wissen, wie spät es ist. In diesem Moment schlug die Kirchenuhr. Ich zählte die Schläge 9, 10, 11. In diesem Moment drehte sich mein Partner im Bett laut um, sodass ich die Glocke nicht mehr hören könnte. Da wusste ich nicht: Hatte es jetzt 12 oder 13 Mal geschlagen?

Zwischen vielen alten Erinnerungsstücken fand ich eine DVD mit einem Film von meiner Taufe. Der Film zeigte mich als kleines Baby an der Kaffeetafel im Garten. Um mich herum zahlreiche Verwandte: Cousins, Cousinen, Onkel und Tanten, Omas und Opas. Und ich wunderte mich: «Merkwürdig, dass mein Bruder nirgends zu sehen ist. Vermutlich hat er Mittagsschlaf gemacht oder so ...» Mein Bruder ist vier Jahre jünger als ich.

Bei der Reisekostenabrechnung: X: «Wie viel Zeit soll ich mir denn für den Flug eintragen?» – Frau N: «So lange, wie er gedauert hat?!» X: «Mit oder ohne Zeitverschiebung?»

Sonntagmorgens. Sirenenlärm. Und ich denke: «Wer legt denn um die Uhrzeit Feuer?»

... beim Blick in den Kalender letzte Woche freudig fest-
gestellt und im Büro laut verkündet, dass Silvester auch
in diesem Jahr wieder auf den 31.12 fällt ...

Ich lese «Ricarda Huch wurde vor 150 Jahren geboren», und für einen Moment denke ich: «Fuck, das
ist alt.»

Seltsam, dass Ostern immer auf einen Sonntag fällt, oder?

Mein Freund erzählt mir, dass sein Geburtstag einmal auf einen Freitag, den 13., fiel und wie man ihn
damals veräppelte. Ich finde das ziemlich witzig und
beschließe nachzuschauen, wann mein Geburtstag
mal auf einen Freitag, den 13., fällt. Ich wurde am
5. Januar geboren.

Ich schrecke auf! Mann, du musst jetzt aber echt aufste-
hen! Sonst verpennst du völlig. Ich schwanke ins Bad.
Licht an ... Ekelhaft hell! Tägliche Routine: Ausziehen,
Toilette, müüüüüde, Blick auf die Wanduhr. «Wieso sind
die Batterien in der blöden Uhr schon wieder runter?»,
denke ich. Dann kommt mir der Gedanke, mal auf meine
Armbanduhr (mit Licht), die ich ständig trage, zu schauen.
Es ist 1.05 Uhr nachts. Um 5 klingelt der Wecker ...

Ich stehe gegen 18 Uhr in Hannover am Bahnhof und denke: «Sieh mal einer an, in Stuttgart ist es schon 23:30», weil ein Schild die Ankunftszeit angibt.

Ich fahre an einem Montag an eine Tankstelle, die sonntags geschlossen hat. Nach dem Tanken fahre ich mit dem Auto zur Kasse und bezahle. Danach wünsche ich dem Kassierer noch einen schönen Sonntag und denke mir, während ich weiterfahre, dass die Tankstelle doch sonntags eigentlich geschlossen hat.

Schafe im Weltall

Nachts lief im Fernsehen dieser kurze Film, bei dem man sich mehr und mehr von der Erde wegbewegt. Raus aus der Milchstraße, immer weiter, bis man schließlich 100 Millionen Lichtjahre entfernt ist. Völlig fasziniert fragt meine Freundin: «Wie lange ist die Kamera da wohl geflogen?»

Ich war draußen und habe den Mond betrachtet. Ich dachte: «Wenn *ich* jetzt den Mond sehen kann, wie können ihn dann die Menschen auf der anderen Seite der Welt sehen?»

Ich stöbere bei Wikipedia im Kalenderblatt, lese dort: «2003: Das Space Shuttle Columbia startet zu seiner letzten Mission ins All. Bei der Landung 16 Tage später verglüht die Raumfähre in der Atmosphäre», und denke: «Na, immerhin erst auf der letzten Mission.»

Sonnenuntergang. Sitze mit meiner Schwester an der See. Sie, todernst: «So. Nun haben die Fische Licht ...»

Meine Freundin und ich nachmittags im Flugzeug von Hamburg nach New York. Da wir mit der Erddrehung flogen, wurde es draußen nicht dunkel. Nach einigen Stunden schaute meine Freundin sinnend durch das Flugzeugfenster auf die schneeweißen Wolken, die eine geschlossene Decke bildeten und in der Sonne herrlich strahlten. Verträumt sagte sie: «Was haben wir hier oben doch für ein Glück. Hier ist es noch Tag und unter den Wolken schon Nacht!»

Rückfahrt von der Insel Rügen über die Strelasundbrücke, phantastischer Sonnenuntergang, glutrot! Kommentar meiner neben mir im Auto sitzenden Kollegin: «Na, Gott sei Dank bin ich heute Nacht nicht zu Hause. Da stört es mich nicht, dass das Ding dort in mein Schlafzimmer scheint.»

Am Strand, superwarm, wunderschön, ich blinzele in den Himmel und denke: «Warum ist eigentlich noch niemand auf der Sonne gelandet?»

Ich sitze mit einem Kumpel im Park. Auf einmal sagt er total beeindruckt: «Überleg mal, wie krass die Sonne leuchten muss, wenn die so weit weg ist und man die hier sogar tagsüber sieht, obwohl es so hell hier ist.»

Beim Joggen habe ich in den Himmel geschaut und gedacht: «Der Himmel ist echt blau, wenn keine Wolken im Weg sind.»

Ich fuhr einmal auf die untergehende Sonne zu und dachte: «Alter, die ist echt wie ein riesiger Ball aus Feuer.»

Ich habe einen Science-Fiction-Film geschaut und gedacht: «Filmen die wohl auf all diesen verschiedenen Planeten oder nur auf einem, um Geld zu sparen?»

Im Auto. Die tiefstehende Herbstsonne blendet mich so, dass ich die Fahrbahn nicht erkennen kann. Mir schießt durch den Kopf: «Das ist ja total gefährlich! Was denkt die sich eigentlich dabei!»

Wenn die Sonne ein Stern ist – warum sieht man sie dann nicht in der Nacht?

Die Sonne dreht sich um ihre eigene Achse, so wie die Erde. Auf der Sonnenoberfläche müsste es doch eigentlich dann auch Jahreszeiten geben, und wenn auf der Nordhalbkugel der Sonne grad Sommer ist, dann ist die Nordhalbkugel der Sonne mehr zugewandt und die Süd… oh …

Irgendwann in den 90ern. Wir schauen «Aliens», und meine Freundin sagt auf einmal: «Krass, dass das echt mal passiert ist.» – «Hä?» – «Na, das basiert doch auf einer wahren Geschichte. Ach nee, das war ‹Apollo 13›.»

Wir standen nach einer Grillparty noch im Garten, als uns der Vollmond auffiel und wir uns laut fragten: «Sind nun die Wolken hinter oder vor dem Mond? Man sieht es nicht eindeutig!»

Ich schaue an den Himmel. Als sich eine Wolke vor die Sonne schiebt, sucht meine Hand für einen kurzen Moment nach dem Cursor, um sie wegzuschieben.

Heute Morgen war ich mit dem Hund unterwegs. Als die Sonne blutrot durch den Nebel hinweg aufgeht, denke ich: «Wie gut, dass Vollmond ist, da ist ja die Sonne heute auch ganz rund.»

Mein Freund wohnt in München, ich in Berlin. Er schreibt mir: «Wir haben heute Vollmond.» Ich schaue zum Fenster raus und antworte: «Krass, wir auch!»

«Schau mal, da hinten kommen schon wieder blaue Wolken.»

Ich höre im Radio ein Feature über schrumpfende Städte, es spricht ein Experte des Amts für Raumordnungs- und Landesplanung. Das Erste, was ich dabei denke: «Wie abgefahren, es gibt ein Amt, das sich um dem Weltraum und die Landesplanung kümmert.» Das war wohl der Alexander-Gerst-Effekt.

Gespräch zwischen Freunden: «Wie lange braucht eigentlich die Sonne, um einmal um die Erde zu … vergiss es.»

Hungrige Schafe

«Man weiß ja heute gar nicht mehr, was drin ist!» Das ist der Stoßseufzer des Essenden. Seitdem der Mensch nicht mehr selbst jagt und sammelt, ist Essen mit großer Unsicherheit verbunden. Eine radioeins-Hörerin berichtete etwa von einem Familienmitglied, das fragte, ob das Schweinefleisch von der Ente sei. Ohne einen Gentechniker bei der Hand zu haben, kann man diese Frage doch gar nicht ernsthaft beantworten! Übrigens führt Hunger zu Verwirrtheit, Konzentrationsschwäche und primitiven Automatismen. In anderen Worten: Am Hunger nährt sich das Sekundenschaf.

Ich habe im Restaurant nach dem Essensverzeichnis gefragt.

Superhungrig Pizza bestellt. Da meine Klingel nicht funktioniert, habe ich dem Lieferanten gesagt, er solle klopfen. Eine halbe Stunde später klopft er also. Und ich klopfe zurück.

Ich suche im Kochbuch das Rezept für Spargelrisotto, meine Freundin erzählt von unserem gemeinsamen Bekannten Holger, und ich fange an, nach dem Rezept für Holger zu suchen.

Ein ziemlich angesagtes Restaurant, alle Tische sind voll, wir stehen an. Ein Ehepaar latscht an uns vorbei und wird von einem Kellner an einen Tisch geleitet. Ich frage, was da los war, und bekomme zur Antwort: «Die Herrschaften haben angerufen.» Worauf ich denke: «Wenn ich jetzt rausgehe und rufe mit dem Handy an, bin ich auch in null Komma nix drinnen.»

Mein Verlobter und ich sitzen am Tisch und essen eine Kartoffelpfanne mit Hähnchenschenkeln. Verlobter: «Gibst du mir noch so einen Fuß?» Ich: «Das ist doch kein Fuß … Das ist der Oberschenkel, und zwar vom Hinterbein!»

Beim Zwiebelschneiden in der WG-Küche. Ich pule die knochigen «Innereien» heraus und lege sie beiseite. Auf die Frage, was ich da mache, antworte ich: «Ich dachte, wir brauchen auch den Knoblauch?»

In einem dieser teuren, aber dennoch total lockeren Berliner Restaurants. Ich hatte seit Stunden nichts gegessen, der Kellner ließ sich ewig Zeit und schlurfte schließlich heran. Mein Kollege bestellte langsam und umständlich, ich wurde immer zappeliger, endlich war ich dran. «Steak.» – «Medium?» – «Nein, bitte groß.»

Sitze mit meinem Freund in einer Currywurstbude am Boxi und esse meine erste Currywurst. Ich so: «Schmeckt nach Curry»! Mein Freund: «Hä?» Ich: «Currypulver ist dadrinnen!» Er: «Du isst eine CURRYWURST!»

Hast du Aufschnitt gekauft?» – «Bei Kaisers?» – «Nein, beim Aufschneider.»

Mit meinem Freund im Kino, er geht sich Popcorn holen und bringt mir ein Riesensandwich mit. Ich denke: «Wo soll ich das denn hintun, wenn ich es gegessen habe?»

Abends erwartete ich Gäste. Ich wollte Mousse au Chocolat selber machen. Im Kochbuch stand ein Rezept für vier Personen. «Schade», dachte ich, «dann wird das wohl nichts.» Denn wir waren acht.

Vor dem Besuch eines Veganer-Freundes überlegte ich, was man so alles für ihn zum Essen besorgen sollte. Dann fiel mir ein, dass wir das Rührei zum Frühstück für ihn einfach ohne Speck machen könnten.

Eben hat ein Bewegungsmelder nicht auf mich reagiert, und ich dachte: «Die Diät wirkt schon.»

Ich jobbe in einem Café. Ein Kunde sagt: «Ich bin allergisch gegen Erdnüsse. Sind in den Keksen Erdnüsse?» – Ich zeige auf das große Schild, auf dem «Erdnussbutterkekse» steht, und sage «Das sind Erdnussbutterkekse.» – «Also ja?»

Im McCafé auf der A 14 Richtung Leipzig: «Ich hätte gern einen Espresso und ein Stück Erdbeerkuchen im Sparmenü.»
«Espresso geht nisch, junger Mann! Nur Latte macchiato oder großer Milchkaffee.»
«Latte macchiato ist doch Espresso und Milch!?»

«Ja, das stimmt.»

«Und ich will nur Espresso.»

«Das geht nisch, junger Mann, hab ich doch schon gesagt.»

«Na, dann nehme ich bitte ein Stück Erdbeerkuchen und einen Latte macchiato tall ohne Milch.»

«Ja, das geht!»

Ich hätte gerne einen «to go»-Kaffee … Gibt's den auch zum Mitnehmen?

Morgens viel zu spät, will mir völlig verpennt statt des entgangenen Frühstücks noch eine Banane für unterwegs mitnehmen. Schäle sie und merke beim Runterrennen der Treppe, dass ich die Schale in der Hand habe und offensichtlich der Rest im Abfall landete.

Ich bin einkaufen und soll meinem Freund Buttermilch mitbringen. Am Obststand treffe ich eine alte Arbeitskollegin mit ihrem Baby – ich habe sie lange nicht gesehen und nichts von der Schwangerschaft gewusst. Nach dem kurzen Gespräch noch leicht verwirrt in der Kühlabteilung angekommen, frage ich die Verkäuferin: «Entschuldigung, ich soll für meinen Freund Muttermilch mitbringen, aber ich kann sie hier nicht finden?!?»

Die Kundin, die in der Bäckerei vor mir dran ist, will, wie sich nachher erweist, ein Brot mit Mohn kaufen. Mohn, mhmmm … Die Verkäuferin schaut sie an: «Was hätten Sie gern?» – «Ein Brot mit Mehl.»

Ich war seit neustem Vegetarier und hatte mein erstes Date mit einem Mädchen, das ich auf einer Friedensdemo kennengelernt hatte. Wir saßen in einem hübschen vietnamesischen Restaurant, der Kellner kam an unseren Tisch, ich studierte die Karte und fragte: «Ist die Hühnersuppe vegetarisch?»

Hektik in der Restaurantküche. Vorspeisen und Hauptspeisen sind raus. Bleibt das Dessert: Vanilleeis mit heißen Kirschen. Die waren vergessen worden. Der Koch: «Hol mal schnell die heißen Kirschen aus dem Froster!»

Bei einem All-you-can-eat-Buffet sah ich eine Riesenleberwurst und dachte: «Wow, das musst du deiner Katze erzählen!»

Anruf beim Lieferservice: «Wir hätten gerne eine Familienpizza. Bitte links mit Salami, rechts mit Schinken». Der nette Herr vom Pizzalieferanten: «Ist es okay, wenn wir die Pizza einfach halb, halb belegen? Dann können Sie die Pizza so drehen, wie Sie möchten.»

Für Frikadellen nehme ich seit einer Weile kein Ei mehr, sondern in Milch eingeweichtes Brötchen. Beim Kneten der Fleischmasse denke ich kürzlich: «Wenn nicht noch die Milch drin wäre, wäre es sogar vegan.»

Ich puste auf mein Eis, damit es nicht mehr ganz so kalt ist.

Ich will im Thermomix (krasse Küchenmaschine) Senfeier machen. Bekanntlich braucht man dazu Eier. Diese sollen eben im Thermomix gekocht werden. Dazu muss man sie einfach reinlegen. Ich hole also ein Ei aus dem Kühlschrank und schlage es auf. «Wieso ist denn das so flüssig?», denke ich, hole das nächste Ei und … ja, schlage es auf.

Ich will eine Packung Butter in den Kühlschrank versorgen. Ich lege sie aber weit weg vom Kühlschrankinnenlicht, sie könnte doch sonst schmelzen.

Vom Frühstück lagen noch zwei hartgekochte Eier auf der Arbeitsfläche der Küche, als ich anfing, für die Frikadellen alle Zutaten, unter anderem auch ein rohes Ei, bereitzulegen.

Das Ei, das ich dann aufschlug, um es zum Fleischteig zu geben, ließ sich aber nicht trennen. Stattdessen quoll mir eine weiße und gelbe Masse entgegen. Entsetzt dachte ich: «Mist, ich habe ein Ei mit Küken erwischt.»

Ich habe heute auf mein Spiegelei gepustet, weil mein Freund gerade seinen heißen Tee trinken wollte.

Ich sitze beim Frühstück. Auf der Brottüte steht: ‹Korn an Korn›, und ich frage mich, was denn Schnaps im Brot zu suchen hat.

Ich denke: «Oh, lecker, Mais», und picke ein Stück gelbe Zucchini aus der Gemüsesoße, die ich gerade frisch gekocht habe. Mais habe ich keinen reingetan.

Ich im Restaurant: «Ich nehme ein vegetarisches Bier, ich muss ja noch fahren.»

Ich möchte das Rezept verdoppeln und 2 x 6 Berliner backen. Vorher drucke ich das Rezept aus, ZWEI-mal!

Trojanische Schafe

Es ist nicht immer ganz leicht zu entscheiden, ob es sich bei einem Gedanken nun eigentlich um ein Sekundenschaf han-
delt oder nicht. Meine Frau fragte mich während einer Doku über Eisbären, was die denn überhaupt trinken. Laut tri-
umphierend rief ich: «Sekundenschaf!» (Ich bin da vielleicht manchmal etwas überenthusiastisch.) Schließlich leben Eisbä-
ren ja auf Wasser, wenn auch auf gefrorenem. Tatsächlich lag ich damit völlig falsch. Würden Eisbären das Eis im Mund zu
Wasser schmelzen, benötigten sie dafür viel zu viel Energie. Eisbären schlürfen also nicht Schnee, sie gewinnen ihr Wasser
aus dem chemischen Prozess, bei dem Fett gespalten wird. Sie gelangen an Wasser, indem sie fette Tiere fressen.
Die schwierigste Entscheidung war folgendes Sekundenschaf: «Es schneite über Nacht. Alle Autos lagen unter einer dicken
Schneedecke. Als ich einstieg, dachte ich: Hätte man das

gewusst, hätte man kein Parkticket reinlegen müssen. Man sieht nichts, die Scheiben sind ja völlig zugeschneit.»

Eine klare Sache, könnte man denken.

Doch es meldeten sich mehrere Leser, die dieses Schaf nicht verstanden. Ich erklärte großmütig, die Politesse hätte den Schnee ja einfach wegwischen können – bis ich wiederum belehrt wurde, Politessen dürften das auf keinen Fall tun. Es folgten lange Diskussionen über Ordnungsrecht und die Stra-ßenverkehrsordnung, an deren Ende ich als oberster Schaf-richter so schlau war wie zuvor. Also: so dumm.

Beim Herunterziehen meiner Hose fällt mir mein Tele-fon in die Schüssel. Ich reagiere geistesgegenwärtig, indem ich die Spülung betätige. Weil ich denke, dass dadurch das Wasser abgepumpt wird.

Vor dem Schlafengehen lüfte ich noch einmal. Beim Blick auf den Hof frage ich mich verwirrt, warum alles weiß ist. Geschneit haben kann es nicht, das hätte ich ja gehört.

Heute ist mit Verspätung mein letztes Weihnachtsge-schenk angekommen, eine DVD-Box mit der gesamten ersten Staffel einer Krimireihe. Als ich alle DVDs durch-schaue, merke ich, dass ärgerlicherweise Folge 7 fehlt. Kurz darauf fahre ich Raketen für Silvester kaufen und

zähle brav nach, ob alle in der Packung sind: «Folge 1, 2,
3 …»

Ich erzähle einer Kollegin, dass ich einen anonymen
Brief bekommen habe. Sie daraufhin: «Das ist ja irre.
Von wem denn?»

Mein Freund versuchte mir kurz vor Weihnachten zu
erklären, wie das Verwandtschaftsverhältnis seiner Cousine ausschaut: «Meine Cousine ist von meiner Tante der
Sohn.»

Text über Gurlitts Testament gelesen. Kurz gedacht:
«Gurlitt, lebt der eigentlich noch?»

Ein Schild an der Rolltreppe im Eingangsbereich des
Einkaufszentrums: «2. Stock Münzkopierer». Ich frage
mich, wie das erlaubt sein kann. Münzen kopieren darf
doch nur der Staat!

In dem Teil der Erde, in dem ich lebe, gibt es häufi-
ger mal Erdbeben. Manchmal sind sie sehr klein, und
man muss genau aufpassen, um sie wahrzunehmen.
Das eben war so klein, dass ich schnell die Musik aus-
gemacht habe, damit ich es besser spüren konnte.

Ich sitze mit meiner Freundin im Kino. Ewig vorbestellt, lange erwartet! Nun ist die Werbung in vollem Gange, und mir fällt nicht ein, WELCHEN Film wir eigentlich gucken.

«Ob mir den Zehner noch wer abnimmt? Da hat jemand was Unleserliches draufgekritzelt!» – «Das ist die Signatur des EZB-Präsidenten – die steht auf jedem Schein …»

Halte eine Flasche Glühwein in der Hand und stelle diese nach kurzer Betrachtung zum Kühlen auf den Balkon.

In einer urigen Salzburger Kneipe. Eine ältere Dame zum Kellner: «Für mich bitte ein Wasser ohne Chlor.»

In der Zeitung: «Hilfe bei Schwindelbeschwerden».
Ich denke: «Oh, jetzt gibts was für notorische Lügner …»

Mein Vermieter hieß Brettschneider, ich heiße Welding. Ich brauchte eine Bestätigung von ihm fürs Amt, er war aber nicht in der Stadt und sagte mir am Telefon, ich könne ruhig für ihn unterschreiben. Also schrieb ich: Brettschneiding

Habe mich geärgert, dass es ein Album von «Element of Crime» nicht auf Spotify gibt. Habe dann überlegt, es illegal herunterzuladen. War mir aber zu risikoreich. Dann überlegt, es bei iTunes zu kaufen. War mir dann aber doch zu teuer. Dann überlegt, es bei Youtube zu schauen. War mir zu mühsam. Habe es dann gelassen und etwas anderes gehört. Zwei Stunden später ist mir eingefallen, dass ich ALLE CDs der Band besitze.

Zu einer Zeit, als das Rauchen in Restaurants noch erlaubt war und ich morgens Kaffee trank: Ich öffne das Milchtöpfchen, gieße den Inhalt in den Aschenbecher und werfe das leere Milchtöpfchen in meinen Kaffee.

Ich heiße Malcolm und lese im Musikexpress: «Malcolm leidet unter Demenz und die Familie dankt für die Wahrung ihrer Privatsphäre.» Es ging um den Gründer von AC/DC, stellte ich dann fest. Aber ich dachte ganz kurz wirklich, dass die Leute vom Musikexpress mich dissen wollten, und habe überlegt, wem ich in letzter Zeit auf die Füße getreten bin.

Vorgestern wollte ich bei einer Freundin Kaffeebohnen in die sauteure italienische Kaffeemaschine füllen, als ich merkte, dass ich die falsche Tüte erwischt und das leere Fach mit Chips gefüllt hatte!

Bin gerade aufgestanden und wollte meine dreckige Wäsche ins Bad bringen, um sie dort in den Wäschekorb zu legen. Aber anstatt sie dort hineinzulegen, habe ich den Klodeckel aufgemacht und sie ins Klo geschmissen.

Ich bin zum Brunch verabredet und spät dran, kaufe schnell noch eine Tüte mit Schrippen, renne zur U-Bahn, eile die Treppe hinunter, sehe die Leute schon einsteigen, denke: «Das schaff ich noch!», haste zur Tür, die sich gerade schließt – und werfe schnell meine Schrippentüte hinein. Auf eine Fahrgastgruppe. Und weg fährt die Bahn.

Der Personalschrank an meinem Arbeitsplatz hat zwei abschließbare Türen, für diese gibt es einen Schlüsselring mit zwei fast gleich aussehenden Schlüsseln. Ich will die linke Tür aufschließen, versuche den ersten Schlüssel, der nicht passt. Danach versuche ich den anderen Schlüssel an der zweiten Tür.

1999 – Ich sprühe beim Bierchen in meiner 12-qm-Studentenbude einen Rahmen um ein Poster an der

Wand, stelle die Sprühdose ab, schaue mir das Ergebnis an, möchte was nachbessern, greife zur Bierdose und schüttle.

Als ich beim Aufnehmen meiner Band die Spuren beschrifte, geht es gerade ums Getränkeholen. Vermutlich nachvollziehbar, warum die Snare-Spur nun mit «Bier» beschriftet ist.

Letzte Woche einem Kunden, der sich schon seit einigen Minuten im Laden umgesehen hatte, ein Zewa gereicht – um im selben Moment zu erkennen, dass es sich bei dem vermeintlichen Tropfen um ein Nasenpiercing handelt.

Ich bin Betreuerin auf einer Urlaubsreise für Jugendliche mit körperlicher Behinderung, die alle im Rollstuhl sitzen. Jemand rollt gerade verspätet in den Raum, und ich sage: «Komm rein, setz dich!»

Kontaktlinsen einsetzen, Brille aufsetzen, wundern.

Der Küchenabfluss ist verstopft. Ich schraube den Siphon ab. Die Verstopfung ist genau im U-förmigen Teil. Sehr vorsichtig trage ich das Rohr zur Spüle. Jetzt bloß nichts verschütten – wirklich total eklig, dieser Schmodder.

Ich erreiche das Becken tatsächlich, ohne dass etwas danebengeht.

Erleichtert schütte ich die widerliche Brühe in die Spüle.

Es ist Spätsommer, und wir sitzen abends noch draußen, als ich den folgenden unerwarteten und bis heute nicht erklärlichen Satz äußere: «Mir ist einfach kalt, es ist nicht so, dass ich friere.»

Ich suche meine Brille. Finde sie nicht. Beim Suchen fällt mir auf, dass ich auch ohne Brille wirklich gut sehe. Ich beschließe, sie wohl nicht akut zu brauchen. Einige Minuten später will ich mich am Auge kratzen. Die Brille ist im Weg.

Aufgestanden vom Sofa, Schal bei den ersten Schritten hinter mir hergezogen und vor Schreck gegen den Schrank gesprungen. Dachte, es ist 'ne Schlange.

Callcenter einer Luftfahrtgesellschaft, Anrufer wollen einen Flug buchen. «Von wo nach wo möchten Sie denn fliegen?» – «Am 5. November.»

Eine einzige, fließende Bewegung von katzenhafter Eleganz: Kühlschrank auf, Weinflasche raus, Schublade auf, Korkenzieher raus, Korkenzieher wieder rein, Schublade zu, Schraubverschluss öffnen.

Da ich ausschließlich mit dem Rad unterwegs bin, habe ich sowohl Haustür als auch Fahrradschlossschlüssel an einem Schlüsselbund. Wenn ich dann nach Hause komme, schließe ich mein Fahrrad vor dem Haus ab, schaue auf die Haustür und stecke instinktiv das Schlüsselbund tief in den Rucksack. Doof nur, dass ich dann eine Sekunde später genau dasselbe Schlüsselbund wieder rausholen muss, weil ich den Haustürschlüssel brauche. Und ich kriege es seit Jahren nicht auf die Reihe, die Schlüssel einfach in der Hand zu behalten.

Ich will Kaffeebohnen mahlen, denke daran, dass ich die Waschmaschine anstellen wollte, und kippe die Kaffeebohnen ins Waschpulverfach.

In meinem Zivildienst (im Asylbewerberheim) wurde ich darauf geeicht, immer den Dienstraum hinter mir abzuschließen. Zu dieser Zeit besuchte ich einen Bekannten. Er zeigte mir seine umfangreiche CD-Sammlung. Beim

Verlassen des Raumes schließe ich ab und stecke den Schlüssel ein.

Ich stehe morgens vorm Spiegel und will meine Haare mit Haarspray frisieren. In dem Moment geht mir durch den Kopf, dass ich heute mal das neue Deospray benutzen werde. Schon sprühe ich mir Haarspray unter die Achseln …

Neulich beim Rom-Urlaubsbericht: Ich: «War in den Trajansmärkten, einem antiken Einkaufszentrum (von Kaiser Trajan, uralte Ruine wohlgemerkt).» Sie: «Und, haste dir was Schönes gekauft?»

In meiner Mittagspause möchte ich mir schnell ein Päckchen Zigaretten kaufen. Ich bin schon spät dran, sause in den Laden und erkläre: «Eine Schachtel rote Gauloises, bitte!» Die Verkäuferin daraufhin: «Achtzehn?» Ich nehme an, dass es sich um die Packungsgröße beziehungsweise die Anzahl der Zigaretten pro Schachtel handelt. Aber woher soll ich gerade auswendig wissen, wie viele Zigaretten in einer normalen Schachtel sind? «Nee, ein ganz normales Päckchen eben!» Die Verkäuferin schaut mich noch irritierter an als ich sie und verlangt nach meinem Ausweis. Erst da wird mir langsam bewusst, dass «Achtzehn?» die Frage nach meinem Alter war. Man möge es mir nachsehen, ich war zu dem Zeitpunkt 35 Jahre alt.

Stehe im Kaufhaus und suche die Abteilung für Geschenkpapier. Ich denke: «Hier muss es doch irgendwo ein Inhaltsverzeichnis geben …»

Meine Mutter hatte beim letzten Besuch ihren Schlüssel vergessen und es erst zu Hause bemerkt (sie wohnt 250 km entfernt). «Ich habe noch einen zweiten Wohnungsschlüssel hier deponiert, das ist nicht so schlimm», meinte sie am Telefon. «Aber den Briefkastenschlüssel brauche ich unbedingt, das ist mein einziger. Schickst du mir den bitte mit der Post?»

Ich erzähle einer Freundin, dass mein Makler einen ganz seriösen Eindruck gemacht habe. «Seriöser Makler – ist das nicht ein Oxymoron?», fragt sie. Ich erinnere mich, dass ich mal in einem Laden in der Rosenthaler Straße war, der Oxymoron hieß. «Hieß so nicht mal ein Club?» – «Wer nennt denn einen Club ‹Seriöser Makler›?»

Meine Freunde und ich treffen uns nach einer gemeinsamen Übernachtung auf einer Berghütte am nächsten Morgen in der Küche. Einer schwärmt: «Wir hatten Biber-Bettwäsche, voll gemütlich!» Ich darauf: «Echt? Bei mir waren Kühe drauf.»

Ich komme später noch, falls ich nicht vorher einschlafe.» – «Kannst du bitte anrufen, falls du einschläfst?»

«Ich (Germanistin) lese: Ein Essayist wächst nun einmal nicht über Nacht zum Epilektiker heran. Denke mir: Was für ein postmoderner Quatsch. Ach so. Epiker. Da steht Epiker.

Eine Zeitlang musste ich mit Ohrstöpseln und Schlafmaske schlafen, weil es zu laut und zu hell war. Eines Abends hab ich vor dem Einschlafen noch Musik über Kopfhörer gehört. Es war aber schon spät, und ich wollte nur noch das letzte Lied zu Ende hören. Um Zeit zu sparen, setzte ich wenigstens schon mal meine Brille ab – und die Schlafmaske auf. Nächster Gedanke: Mach doch auch die Ohrstöpsel rein, das dauert immer so lange.

Ich war auf dem Weg zu einer Weihnachtsfeier, als mich drei ältere Damen nach dem Weg zu dem Gebäude fragten, wo eine Trauerfeier stattfinden sollte. Da dieses auf dem Weg zu meiner Veranstaltung lag, begleitete ich die Damen noch bis zur Tür. Zum Abschied wünschten sie mir noch «Viel Spaß bei der Weihnachtsfeier!», und ich antwortete: «Danke, Ihnen auch!»

Ich wollte einkaufen gehen, packte also mein Zeugs zusammen, zog mir Schuhe an und nahm meinen Schlüssel. Ich ging aus der Wohnung, zog die Tür zu und schloss ab. «Wenn du gleich vollgepackt nach Hause kommst, ist es bestimmt schwierig, den Schlüssel aus der Tasche zu wühlen», dachte ich. «Wär doch einfacher, wenn du ihn gleich hier im Schloss stecken lässt.»

Ich in einem englischsprachigen Restaurant in Berlin-Mitte. Kellner: «Do you want chicken?» Ich: «Nee, nicht schicken! Zum Hieressen!»

Gerade mit Kollegen diskutiert, ob die Bärte der Herren von ZZ Top inzwischen ergraut sind. Kollege meint überzeugt: «Nur bei einem!» Ich googele, finde ein Schwarzweißfoto, denke: «Ha! Alle sind Graubärte!»

Sehe ein Werbeplakat für das neue Album «Symphonia» des Techno-Pop-Projekts Schiller und denke:

«Cool, wusste gar nicht, dass Schiller auch Musik gemacht hat.»

Ich bin auf der Arbeit und möchte betonen, dass noch eine Menge fehlt, bis wir eine Liste von Daten vollständig haben. Energisch rufe ich also: «Wir haben sicher nicht die Hälfte, das sind höchstens fünf Zehntel!»

U-Bahnhof Marienplatz. Ich sehe, dass die U-Bahn gerade einfährt, und laufe die lange Rolltreppe runter. Endlich unten angekommen, sehe ich, wie sich die Türen der U-Bahn schließen, will mich umdrehen und denke: «Scheiße, jetzt muss ich den ganzen Weg wieder hoch und noch mal stempeln!»

In fröhlicher Runde erzähle ich, dass mein geheiztes Wasserbett mit einteiliger Matratze auf einer Seite immer kalt wird, alleine kann ich die 1,80 Meter nicht abdecken. Sagt eine Frau am Tisch, dann müsse ich halt das Bett teilen. – Ich erkläre, dass man eine einteilige Wasserbettmatratze nicht teilen kann.

Es klingelt an der Tür. Ein Handwerker sagt: «Ich müsste mal auf den Dachboden.» Hilfsbereit, wie ich bin, erwidere ich: «Okay. Der ist oben.»

Nach langer Zeit war ich heute (11. Februar 2015) mal wieder im Lebensmitteldiscounter. Im Vorbeigehen sehe ich ein Regal mit Aktions-Schokolade. «Boah», denke ich, «so lange heben die die Weihnachtsschokolade doch nicht zum Verkauf auf. Die Wirtschaft wird den Traditionen gegenüber auch immer unverschämter – dass sie jetzt schon welche für Weihnachten 2015 verkaufen!» Ich schaue genau hin: Es waren Ostereier und Schokoladenosterhasen.

In einem Radiobeitrag zum Thema Salafismus höre ich: «... im Interview zur DDR-Sendung sagte der Minister ...». Ich bin beeindruckt, da gab es schon eine Diskussion zu diesem Thema zu DDR-Zeiten, da müssen die ja überhaupt die Ersten gewesen sein, die den radikalen Islam auf dem Schirm hatten! Ehe ich in Ostalgie verfalle, höre ich noch mal hin ... ach so, WDR-Sendung.

Lese in der Zeitung von einem heiligen Urban und frage mich, ob der der Begründer der urbanen Legenden ist.

Mein Chef, nennen wir ihn Herrn Sedelmayr, spricht über seinen Vater, zitiert darin die Meinung eines Nachbarn, der ihn in seiner Erzählung als «Herr

Sedelmayr» anspricht. Ich denke: «Das ist ja ein Ding, dass auch sein Vater Sedelmayr heißt.»

Freundin: «Seit Tagen hab ich furchtbare Blähungen. Das habe ich sonst nie.»
Ich: «Das kenne ich nur aus meinen Schwangerschaften.» Der Blick ihres Freundes … UNBEZAHLBAR!

Letzte Woche auf der Buchmesse in Frankfurt ein Plakat entdeckt:
Jürgen Trittin
STILL
STAND
Wie blöd ist das denn, warum hat Trittins Buch keinen deutschen Titel?

Mein Freund und ich tragen gemeinsam eine Wasserkiste. Mein Griff hängt ein gutes Stück tiefer. Ich: «Voll krass, meine Arme sind länger als deine!» Er ist ungefähr 20 cm größer als ich …

Komisch ist das heutzutage mit den Socken. Vor drei Tagen hatte ich auch schon ein unterschiedlich langes Paar.

Zwei ältere Damen unterhalten sich.
Die Erste: «Hast du gehört – Hermann ist tot.»
Die Zweite: «Welcher Hermann?»
«Na, der aus dem Hochhaus, direkt an der Bushaltestelle Zentrum – weißt du jetzt?» – «Nee, aber vielleicht wenn ich ihn mal sehe!»

Kurz vor meinem Abitur fragte meine Mutter mich, ob sie mir was vom Einkaufen mitbringen solle. Ich sagte: «Eine 45er.» Sie: «Darfst du die denn überhaupt schon fahren?»

«Wusstest du, dass die Schwester von K. schwanger ist? Schon im 7. Monat!» – «Ja, wusste ich.» – «Woher?» – «Ich habe sie vor kurzem flüchtig gesehen.» – «Aber man sieht jemandem doch nicht an, dass er schwanger ist!»

Meine Lieblingsband ist in der Stadt, leider nur einen Abend. Aber wenn ich mir zwei Tickets kaufe, kann ich zweimal zu dem Konzert!

Ich habe ein Bild von Anton Hofreiter in der Zeitung gesehen, daneben die Überschrift «Neuer Fraktionsvorsitzender der Grünen» und gedacht: «Ach, ist Anders Breivik jetzt bei den Grünen?»

Ich stand einmal vor einer riesigen, in 4 oder 5 Meter Höhe hängenden Plakatwand, die eine Shoperöffnung bewarb. Darauf waren auch mehrere willkürlich verteilte, aber in mehreren Reihen untereinander angelegte «Punkte». Und ich stand davor und dachte mir so: «Ach, sieh mal einer an, wie cool, die haben das auch in Blindenschrift draufgeschrieben.»

Die Tische im Außenbereich einer Kneipe waren für die Bedienung mit größeren nummerierten Kieselsteinen gekennzeichnet. Als sei's das pure Werk der Natur, entfuhr mir bei der Betrachtung erst unseres, dann des Nachbartisches der entgeisterte Ausruf: «Die Steine hier tragen Zahlen.» Leider waren Zeugen dabei, die mir zum nächsten Geburtstag einen Stein mit Zahl schenkten.

Ich war kurz auf einen Kaffee bei meiner Freundin, und wir bestaunten gemeinsam ihren neuen Kaminofen. Allerdings musste erst noch die Abnahme durch einen Schornsteinfeger erfolgen, bevor der Ofen in Betrieb genommen werden konnte. Als wir am Nachmittag miteinander telefonierten, fragte ich sie, ob der Schornsteinfeger denn schon da gewesen sei. Daraufhin antwortete sie: «Ja, ich habe ihn gleich angemacht.»

Ich war etwas verwundert und fragte: «Echt? War das so ein heißer Typ?»

Nach einer kurzen Pause rief sie lachend: «Den Ofen!»

Während des Studiums arbeitete ich in der Telefonzentrale einer Immobilienfirma. Dort kam ich in die Verlegenheit, zu Akquisezwecken New Yorker Anwälte anrufen zu müssen. Ich sollte nach dem Chef verlangen und diesen gleich durchstellen. In einer der Kanzleien bekam ich die Antwort: «He passed away.» Mein Sinn für schnelle Lösungen ersann für mich ein «And when will he come back?».

Ich habe mal einen Musiker interviewt, der mir sagte, er spiele Fagott. Ich verstand «vor Gott» und dachte: «Okay, wie könnte das aussehen? Sitzt der jetzt im Schneidersitz in einem Kreis voller Kerzen vor einem Altar? Und dann macht er WAS genau? Singen? Hin und her wippen? Oh Gott, was für ein Freak.»

Als die Nachricht von dem abgeschossenen malayischen Flugzeug kam, wunderte ich mich, wie das so lange hatte fliegen können. (Einige Monate vorher war ein malayisches Flugzeug verschwunden, und mein Gehirn bekam es nicht zusammen, dass Malaysia über mehr als ein Flugzeug verfügt.)

In unserer Arztpraxis liegen frankierte Rückumschläge von Patienten, die regelmäßig Rezepte benötigen. Auf diese Art ersparen sie sich den Weg zu uns, wir sparen uns die Portokosten.

Heute erklärt mir meine Kollegin ganz stolz: «Ich habe aufgeräumt und alle Umschläge, die Briefmarken mit 55 und 58 Cent aufgewiesen haben (also keine aktuelle 0,60 € Briefmarke) geschreddert.» Ich sehe sie entsetzt an, da fragt sie mich, ob wir nicht die 0,03- und 0,02-Marken auch wegschmeißen können.

Im vergangenen Winter ging ich über einen Parkplatz. Ich bemerkte eine gefrorene Pfütze, in der so etwas wie kleine Wellen sichtbar waren. Ich schaute auf die Pfütze mit den kleinen Wellen und dachte: «Das ist ja hübsch. Es sieht exakt so aus wie gefrorenes Wasser.»

Bediene einen Kunden mit überdimensional großer Nase. Ich schneide also für den Kunden Käse in Scheiben. Ich komme zurück zum Kunden und frage ihn: «Möchten Sie noch etwas Nase?»

Ich begegne einer alten Bekannten. Sie ist nicht gut drauf, ich frage, was los ist. «Meine Oma mütterlicherseits UND mein Opa väterlicherseits liegen im Sterben.»

Ich schaue betroffen, sie fügt erklärend hinzu: «Also unabhängig voneinander!»

Ich sitze mit einer Freundin am Tisch. Im Laufe des Gesprächs fällt das Wort «Wal», und sie beginnt gedankenverloren, erst leise und dann zunehmend lauter, ein Lied von den Toten Hosen («Walkampf») zu singen: «Schieeeb den Wal, schieeeb den Wal, schieb den Wal zurück ins Meer.» Mitten in ihrem eigenen Gesang hält sie plötzlich inne, schaut mich an und fragt mich entgeistert: «Woher ist das eigentlich? Free Willy ...?!»

Gedanken am Morgen: Warum sind die Dinge, die man sucht, eigentlich immer weg?

Unsere Putzfrau kommt alle zwei Wochen, doch in letzter Zeit habe ich immer weniger Lust, in der Zwischenzeit selber sauber zu machen, und überlege, sie wöchentlich kommen zu lassen. Ich frage mich, ob es überhaupt etwas zu tun gäbe für sie und ob es nicht übertrieben ist – aber ich könnte ja einfach am Tag davor extra alles dreckig und unordentlich machen!

Als vor zehn Jahren mal wieder irgendwer (Saddam? Türkei? Syrien?) die Kurden nachrichtenrelevant unterdrückte, las ich in einem Einkaufszentrum auf einem großen Banner: «Wir wünschen allen Kurden ein Frohes Weihnachtsfest», und dachte mir: «Boah, die kriegen aber auch echt schon genug ab, unseren Sarkasmus brauchen die bestimmt nicht auch noch», bevor ich bemerkte, dass dort «Kunden» stand.

Wenn ich das Büro verlasse, wartet dort meist ein Taxi auf einen blinden Kollegen. In der Regel ist es sein Stammfahrer, der neben seinem bereits etwas älteren Daimler steht und raucht.
Gestern stand an derselben Stelle ein ebenfalls älterer Daimler, allerdings in Rot, und der Fahrer saß rauchend mit einem spaltbreit geöffneten Fenster am Steuer. «Dass sie einem Blinden ein rotes Taxi schicken, wird ihm wohl egal sein, aber im Fahrzeug rauchen geht ja wohl gar nicht», dachte ich.

Eine Freundin erzählt mir, dass mein Exfreund Vater wird, und kurz denke ich: «Hoffentlich ist es nicht von mir.»

Die Empfangsdame bei meinem neuen Frauenarzt bittet mich, Namen und Geburtsdatum aufzuschreiben. «Ich bin nicht schwanger», antworte ich. «Das besprechen Sie dann mit dem Arzt, ich brauche nur Ihren Namen und Ihr Geburtsdatum.» – «Aber das kann ich doch nicht wissen, wenn ich noch nicht schwanger bin!» – «Sie stehen vor mir. Sie sind geboren worden. Ich muss wissen, an welchem Tag.»

Ich will das Erscheinungsdatum eines Buches zitieren und schaue dafür auf den Kalender, der neben dem Schreibtisch hängt.

Hab gerade vor der Haustür wild mit den Armen rumgewedelt, um den Bewegungsmelder fürs Licht auszulösen.
Wir haben keinen Bewegungsmelder.

Bei eBay-Kleinanzeigen einen schönen gebrauchten Wandspiegel entdeckt. Leider ist er etwas zu klein. Macht nichts, denke ich, über die Größe kann man bestimmt verhandeln.

Ein Bekannter hat mir erzählt, ihm sei eines Abends eine großartige Idee gekommen. Wenn jeder Mensch einen Cent an jeden anderen Menschen zahlen würde, wäre jeder unfassbar reich.

Ich bin Ärztin. Es gibt bei der Behandlung der chronisch entzündlichen Darmerkrankungen den Begriff der sogenannten Eisblase. Als ich den hörte, dachte ich, das wäre eine Einrichtung, bei der man Eis in die Harnblase einbringt, um den Darm von innen zu kühlen. Nein, es ist einfach nur ein kühler Beutel, den man von außen auf den Bauch legt. Die armen Patienten, denen ich in bester Absicht kiloweise Eis durch empfindliche Strukturen in ihr Innerstes eingeführt hätte …

Habe neulich nach Ewigkeiten mal wieder einen Brief geschrieben (und ihn in die Tasche gesteckt für den Gang zum Briefkasten). Zu Hause angekommen, schaute ich nach einer Antwort in meinen Mails.

Neulich suchte jemand ein Buch, um es einem älteren Herrn zu schenken. Meine Arbeitskollegin schlägt «Der Hundertjährige, der aus dem Fenster stieg …» vor, und ich so: «Ach, ist da jemand Altes bei?» Nur noch mal zur Verdeutlichung: Ich bin Buchhändler.

Im Getränkemarkt. Die Kassiererin fragt: «Leergut?»
Ich: «Nein, danke.»

Neue CD im Player: «Mann, die Lieder klingen irgendwie alle gleich!» –
«Ha, ich habe doch nach dem ersten auf Repeat gedrückt!»

Wir waren am Samstag im Kino Capitol in Königs
Wusterhausen. Kauften uns Sekt und Bier. Meine
Freundin und ich packten unsere Sektgläser und
den Holundersirup aus und mixten uns einen Hugo.
Stößchen und Prost! Der Mann meiner Freundin
beugt sich zu mir, hält mir seine Bierflasche hin, und
ich frage mich: Warum will der mir jetzt Bier in meinen Hugo kippen?

Ich stehe in der Schlange vor der Kasse. Kommt jemand
vorbei und fragt mich, ob ich zwei Freikarten möchte.
Ich: «Nein danke, wir brauchen vier.»

Ich war neu in der Stadt und habe eine neue, junge,
nett aussehende Zahnärztin aufgesucht. Ich war
von ihr angetan. Nach der Behandlung stellte sie
anhand meiner Adresse fest, dass ich nicht weit von
ihr entfernt wohnte. Sie sagte: «Dann sehen wir

uns mal irgendwann beim Spazierengehen.» Mein Gehirn filterte. Ich dachte, sie hätte gesagt: «Dann können wir mal irgendwann spazieren gehen.» Ich antwortete prompt: «Gern. Das können wir mal machen!»

An der Bar gibt es eine neue Biersorte: Weizen-Holunder. Zurück am Tisch, erzähle ich den anderen davon. Einer fragt: «Vom Fass oder in der Flasche?» – «Vom Fass natürlich», sage ich und denke noch: «Wer sollte auf die Idee kommen, ein Weizenbier aus der Flasche zu trinken?»

Als ich die Nachricht las, dass Leonard Nimoy (Mr. Spock) verstorben ist, war mein erster Gedanke: «Oh nein! War er nicht gegen Masern geimpft?»

Unser Vorstand war zu Besuch. Er saß irgendwann auf dem neuen, ergonomischen Bürostuhl meiner Kollegin und probierte ihn aus. Als ich das Zimmer betrat, fragte ich ihn, ob er eine Stuhlprobe mache.

Mein Mitbewohner hat seine Schwester zu Besuch. Sie ist sehr attraktiv, das macht mich nervös. Als ich ihr sage, dass ich einkaufen würde, fragt sie, ob sie mitkommen darf. Ich sage ja. Beim Treppenhinabsteigen denke ich auf einmal: Wie gut, dass meine Pobacken neben- und nicht übereinandersitzen, sonst würde es jetzt beim Runtergehen ganz peinliche Klatschgeräusche machen.

Wie hieß doch gleich der Hund bei Tim und Struppi?

Ich arbeite an einer Sonderausstellung für ein Museum. Im Laufe der Recherche stellt sich mir eine Frage, die unbedingt geklärt werden muss, damit ich nichts Falsches schreibe. Als wissenschaftliche Mitarbeiterin eines Museums weiß ich, dass es am sinnvollsten ist, mich mit meiner Frage direkt an ein Spezialmuseum zu wenden. Ich überlege, welches Haus in diesem Fall zuständig sein müsste.
Ich habe schließlich darauf verzichtet, mir die Anfrage zu schicken.

1998. Mein damaliger Chef bat mich, mittels der Telefonbuch-CD die Nummer des ADAC herauszusuchen. Ich öffnete das Programm mittels der eingelegten CD und suchte für unseren Ort die Nummer.
Ich wurde nicht recht fündig und rief das rüber ins Büro.
«Gibt es nicht!» – «Nichts?», kam zurück. «Nein, nur

Adac (zusammenhängend gelesen)!» Daraufhin kam etwas lauter zurück: «Vielleicht buchstabieren Sie das mal LAUT!»

Im Psychologieseminar fragt der Professor, welche Tiere neben dem Menschen als einzige in der Lage sind, Werkzeuge für alltägliche Handlungen zu Hilfe zu nehmen. Während alle kurz in sich gehen, um zu überlegen, ruft meine Kommilitonin: «Na, ist doch klar, Leute, der Hammerhai!»

Als ich mit meiner Freundin nach England auf Sprachreise flog, meinte sie im Flugzeug so vor sich hin sinnierend neben mir: «Wie heißt eigentlich eine männliche Stewardess? Stewardeur?»

Ich sehe ein Schild, auf dem «Änderungen aller Art» steht, und denke, dass das eine erstaunliche Werbung für einen Psychotherapeuten ist. Ach nee. Es handelt sich um eine Änderungsschneiderei.

Empört lese ich, was in großen Lettern auf dem Firmenschild eines kleinen Ladens in der Innenstadt steht. Natürlich gibt es in der Gegend bestimmt auch Clubs für spezielle Interessen. Aber muss man bei der Benennung so eindeutig sein? Ah, okay. Es ist eine Schneiderei. Mit dem Namen FLICKSTUBE.

Ich habe meinen Friseur gefragt, wie wohl Amazonasindianer ihre Haare schneiden. Er sagte: «Bestimmt mit einer Art Schere.»

Während ich mit einer Freundin am Bahnsteig stehe und auf die Bahn warte, lese ich auf einem Plakat von der DKMS: «Mit Wattestäbchen gegen Leukämie! Ihr Wangenabstrich rettet Leben.» Irritiert drehe ich mich zu ihr und sage: «Wangenabstrich … tsss, da können die bei mir lange abstreichen, dann ist das Wattestäbchen bloß voll von Rouge und Make-up!»

Während des Studiums brauchte ich für ein Chemieseminar einen Edding zur Beschriftung der Reagenzgläser. Drei Mark fünfzig waren für mich als Student eine Menge Geld, also wollte ich sicherheitshalber meinen Namen auf den Edding schreiben, falls er verloren geht. Und womit wollte ich den Edding beschriften? Na – natürlich mit meinem neuen Edding.

Nach einem Kinobesuch mit meiner Freundin, ließen wir auf der Heimfahrt in der Straßenbahn das Gesehene Revue passieren. Plötzlich sagt meine Freundin (immer noch tief beeindruckt vom Film): «Da sah man ganz deutlich, wie klein die Menschen im Gegensatz zu heute waren. Wenn man den Film heute drehen würde …»

Gerade hatte ich meinen Wagen im Parkhaus geparkt, als ich merkte, dass ich das Parkdeck nicht verlassen konnte. Denn: Die Treppe, die zu dem Deck führte, war keine Runtertreppe.

Es ist spät, ich muss am nächsten Tag früh raus, bin aber noch gar nicht so arg müde und überlege, was ich jetzt schon vorbereiten kann, um am Morgen Zeit zu sparen. Nachdem die Tasche gepackt, das Vesper deponiert, die Kleidung rausgelegt ist, habe ich eine fabelhafte Idee: «Ich könnt ja schon mal die Zeitung von morgen hochholen!»

Gestern Nacht habe ich im Internet einen Beitrag beim «Sekundenschaf» eingereicht, über dessen Schaflogik ich mich selber andauernd schlapplachen kann. Hier der Text:
«In einem Einrichtungsgeschäft entdecke ich qua-

dratische Steppsitzkissen, die alle mit dem gleichen gestreiften Stoff bezogen sind. Ich liebe Streifen, und ich liebe diese Farbzusammenstellung. Kurz entschlossen kaufe ich drei der Kissen und gehe stolz wie Bolle nach Hause, wo ich meine neusten Errungenschaften gleich aus der Tasche ziehe und sie vor mir auf den Tisch lege. Völlig erschrocken muss ich feststellen, dass ich beim Kauf nicht aufgepasst habe: Zwei Kissen sind quergestreift, eins längsgestreift. Mist …»

Als ich heute Abend nachsehe, ob mein Beitrag im Netz steht, stelle ich fest, dass er unter den Neueinträgen nicht dabei ist. Merkwürdig. Nicht witzig? Ich überlege. Hm … Um es kurz zu machen: Kann es sein, dass der Redaktion das Wort «quadratisch» durch die Lappen gegangen ist? Wenn ja: Wessen Sekundenschaf ist es denn dann?